国学经典

李 楠/主编

重温儒家经典 让《论语》指导现实人生

《论语》全解

辽海出版社

【第二卷】

《论语》全解编委会

前 言

在我国东周时期，周王室东迁后日益衰微，逐渐丧失了宗主地位，各个诸侯为了争夺霸主地位，开始了长期的兼并战争。

在这期间，鲁国的孔子面对"礼崩乐坏"的社会现实，痛心疾首。为了建立一种新的秩序和规则，他决心恢复周公建立的礼乐制度，提出"克己复礼"的主张，并用"仁"对"礼"进行改造，提出并完善了"仁学"理论。

孔子认为，"仁"就是"爱人"，就是对人要尊重、关心和体谅。"仁"既是每个人必备的修养，又是治国平天下必须遵循的原则。

孔子把孝悌看成"仁"的根本，他把"仁"运用到政治领域，就是重视人民，关心百姓的疾苦，就是"德治"。为了实践"仁"，孔子十分重视"礼"，主张克制自己，使自己的言论行为都符合礼的要求。

有一天，孔子的学生子贡向孔子请教："老师，什么是仁？如何做到仁？"

孔子回答："克制自己，恢复周礼，就是仁；以周礼为标准，时时处处严格要求自己，使自己的言行符合周礼，就是做到仁了！"

为了实现自己的这一政治主张，孔子经过了长达 15 年在各诸侯国的游说。然而，由于当时各诸侯国都忙于争霸，并没有谁采纳他以"仁"治国的政治主张。

颠沛流离十几年后，年近 70 岁的孔子在并未实现自己政治主张的情况下，回到鲁国，专事讲学和历史文献的整理，并把自己的政治主张和思想抱负倾注于笔端，成为我国历史上私学的开山鼻祖，开创了影响我国知识分子 2000 多年的儒家学派。

孔子一生从事教育事业达 40 多年之久，门生众多。据史料记载孔子弟子有 3000 人，其中才华出众、品德优良者 72 人。

孔子去世后，他的主要弟子及其再传弟子将孔子的言行整理成书，书名叫《论语》，内容包括孔子谈话、孔子答弟子问、弟子之间的相互讨论以及弟子对孔子的回忆等，集中体现了孔子的政治主张、论理思想、道德观念及教育原则等。

《论语》作为一部涉及人类生活诸多方面的儒家经典著作，许多篇章谈到做人的问题。

孔子认为，一个人要正直，只有正直才能光明磊落，只有心中坦荡，做事才没有担忧。

做人要重视"仁德"，这是孔子在做人问题上强调最多的问题之一。在孔子看来，仁德是做人的根本，是处于第一位的。孔子还认为，只有仁德的人才能无私地对待别人，才能得到人们的称颂。

孔子提出仁德的标准，这就是刚强、果断、质朴、语言谦虚的人接近于仁德。同时他还提出实践仁德的 5 项标准，即："恭、宽、信、敏、惠"，即恭谨、宽厚、信实、勤敏、慈惠。他说，对人恭谨就不会招致侮辱，待人宽厚就会得到大家拥护，交往信实别人就会信任，做事勤敏就会取得成功，给人慈惠就能够很好使唤民众。孔子说能实行这五种美德者，就可算是仁了。

孔子强调做人还要重视全面发展。他说："志于道，据于德，依于仁，游于艺。"意思是说，志向在于道，根据在于德，凭借在于仁，活动在于"六艺"，即礼、乐、射、御、书、数。只有这样，才能真正地做人。

《论语》成书于战国初期，自古以来就是我国首选的启蒙读物，是我们中华民族古往今来的"同一本书"，共同的话题，共同的语言，共同的思维之道和共同的价值观。

《论语》作为一部涉及生活诸多方面的儒家经典著作，语言简洁精炼，含义深刻，具有深刻的内涵，对我们广大读者具有极大的借鉴意义。

《论语》是研究孔子思想的主要资料。一部《论语》，将孔子及其门生有限生命融到无尽的历史中，创造了我国古代光辉的人文主义精神，被后人誉为"天不生仲尼，如万古长夜"，"半部《论语》治天下"。

《论语》作为国学经典，是我们中华民族五千年的文化精髓，其中蕴涵着丰富而深刻的人生智慧和处世哲理，是经过千百年的历史洗礼和多少代人实践检验过的，是我们广大读者学习的必备精神食粮。我们广大读者阅读《论语》，能够秉承仁义精神，学会谦和待人、谨慎待己、勤学好问等优良品行，使我们成为内外兼修的未来精英。

我们广大读者阅读《论语》，就如同师从贤哲。阅读圣贤之书，与圣贤为伍，是我们精神获得高尚和超越的最高境界。

在如今社会处于转型的时期，充斥着各种各样所谓的现代文化，良莠不齐，纷繁杂芜，作为我们广大读者，应该慎重从文化杂烩中精挑细选最好的、最纯的、最精的文化知识进行学习，以便促进我们健康发展，那么《论语》就是我们最佳的选择。

作为国学经典的《论语》，并非陈旧过时，可以说能够适应任何时代的需要，且不同的时代都可以进行新的解读，都有时代的新意。我们要古为今用，活学活用，在新的时代推陈出新，进行新的解读，赋予新的内涵，不断发扬新的精神。

为此，我们特别编撰了这套《论语》读本，主要是根据广大读者学习吸收的特点，在忠实原著基础上，除了配备原文外，还增设了简单明白的注释和白话新解，同时还配有相应启迪故事和精美图片等，图文并茂，生动形象，非常易于阅读和理解，是广大读者学习《论语》的最佳读物，相信大家从中会获得新的感受和新的意蕴。

前 言

目　录

《论语》全解

目录

秦代对孝道思想的继承

秦始皇建立统一天下后，秦代士人在思想建设方面取得了积极成果，认识到了孝道的力量，这是其中的重要思想成果之一。

秦代对孝道思想的认识，还要从与秦始皇密切相关的嫪毐事件说起。

公元前246年，13岁的秦王嬴政即位，这就是后来的秦始皇。秦王的母亲赵姬在儿子即位后成了王太后。

据说赵姬年轻貌美，与扮成宦官的嫪毐终日厮混，结果接连为秦王生了两个小弟弟，并打算等到秦王去世之后，好让这两个小孩做秦国的皇帝。

在太后的不断关照下，嫪毐获得了一路晋升。公元前239年，嫪毐获封长信侯，以山阳郡为其食邑，又以河西、太原等郡为其封田。嫪毐门下家僮最多时有数千人，希望做官而自愿成为嫪毐门客的也达到千余人。

不过按照秦国的规矩，封侯可谓相当困难，例如王翦在灭楚前，曾向秦王提到自己为将多年，仍未得封侯之赏，而王翦当时已经有消灭赵国，重创燕国的战绩。令人讶异的是，嫪毐无寸功而封侯，可见太后对他格外关照。

可惜的是，机关算尽太聪明，反误了卿卿性命。等待他的，将是一场灭顶之灾。

公元前238年，22岁的秦王按照惯例到秦国旧都雍地举行冠礼。其间有人向嬴政告发嫪毐为假宦，并与太后赵姬淫乱，甚至还试图以其与太后所生之子为秦王，嬴政下令彻查。

在秦王着手调查时，嫪毐决心孤注一掷，先发制人。他收买党羽，与太后密谋，欲除秦王。又窃取玉玺，准备调动地方军队以及他的家人攻占秦王居住的蕲年宫。

嫪毐毕竟是市井小人，小人得志忘乎所以。一天他与朝臣饮酒，酒后无意说出了自己的野心，朝臣慌忙报告赢政。

秦王早就看嫪毐不顺眼，闻听朝臣的报告，果断行动，令相国吕不韦及有楚系外戚背景的昌平君、昌文君兄弟率兵平叛。嫪毐军本是乌合之众，不堪一击，加之不得人心，很快就被击溃。

在悬红铜钱百万的重赏下，嫪毐被生擒，被送至咸阳后，秦王将其处以车裂之刑。但对于自己的母亲，秦王不能处分，只好将她贬入雍地，就是现在的陕西宝鸡凤翔县，软禁起来。

子游问孝

一国之君幽禁母亲，毕竟是件大逆不道的事情。在秦国为客卿的齐国人茅焦大发感慨："儿子囚禁母亲，天地翻覆。从古至今，哪里有这种道理？"

秦王闻知后火冒三丈，打算杀了茅焦。但茅焦来到秦王面前，不慌不忙地行过礼，说："忠臣不讲阿谀奉承的话，明君不做违背世俗的事。现在，大王有极其荒唐的作为，我如果不对大王讲明白，就是辜负了大王。"

秦王停顿了一会，说：

"你要讲什么？说来听听。"

茅焦说："天下之所以尊敬秦国，不仅仅是因为秦国的力量强大，还因为大王是英明的君主，深得人心。现在，大王将母亲软禁在外，是为不孝。如此的品德，如何让天下人信服呢？"

秦王听了茅焦的话后深为震动，知道自己的行为对统一天下大业不利。于是，他亲自走下大殿，扶起茅焦，说："赦你无罪！先生请起，穿上衣服。我愿意听从先生的教诲。"

茅焦进一步劝谏，最后说："秦国正图一统天下，大王更不能有迁徙母后的恶名。"

秦王采纳了茅焦的建议，亲自率领车队，前往雍地把太后接回都城咸阳，母子关系得以恢复。

返回咸阳的太后极为高兴，设酒宴款待茅焦，席间对茅焦赞赏有加，说安定秦国的江山社稷，使母子重新相会，都是茅焦的功劳。其实茅焦冒死进谏，他最大的愿望是为秦王争得一个好的名声。

公元前 229 年，太后赵姬去世，谥号为"帝太后"，与庄襄王合葬在一起。

公元前 221 年，秦王统一天下建立秦国，自己号称秦始皇。他巡游各地，刻石称功，其中有不少宣扬孝道的文字。

公元前 219 年，秦始皇东行郡县，第二次从咸阳出发经函谷关、洛阳、荥阳至东鲁邹县的绎山。绎山位于现在的山东邹城市东南。

绎山高五里，秦始皇上绎山，与鲁诸儒生议刻石、颂秦德、议封禅，望祭山川之事。后来在山顶竖立第一幢刻石，刻有李斯的小篆，被后世称为《绎山刻石》。

此碑后被北魏太武帝登绎山时推倒。但因李斯小篆闻名遐迩，碑虽倒，慕名前来摹拓的文人墨客、达官显贵仍络绎不绝。原石虽已被毁，但留下了碑文。今天所见到的是根据五代南唐时期的文学家、书法家徐铉按原作临摹的摹本，现藏在西安碑林里。

《绎山刻石》全文 223 个字，其中有李斯等群臣颂扬秦始皇"上荐高号，孝道显明"的文字，表明秦始皇善于继承弘扬历史的优秀传统。

秦始皇为了使自己的儿子们忠于自己，还用孝道去教育他们。以至于赵高伪造遗诏迫令太子扶苏自杀时，蒙恬怀疑其中有诈，让扶苏上疏问个明白。

可扶苏却说："父而赐子死，尚安复请？"颇有"父让子死，子不得不死"的浓重孝道氛围。

秦始皇为了使民众服从，还通过刑法的形式，在民间推行孝道，"以治黔首"。只不过这种依靠法律来使全国民众接受孝道的方式，只是"尊尊"而无"亲亲"，忽视孝道中调节人际关系的亲情温暖，使之变成单纯的权利义务关系，从而丧失了孝道的社会整合功能。

作为一个具有雄才大略的政治家和军事家，秦始皇的对孝道的遵行，引领了秦代士人对孝道的认识，更使他无愧于"千古一帝"的称号。

汉文帝家事国事两相宜

公元前 206 年，西汉王朝建立。汉代初期尊崇"黄老"之说，汉武帝罢黜百家，独尊儒家，都是以孝为家法的。汉初强调"以孝治天下"，所以继嗣皇帝谥号都有"孝"字，意喻强调孝治天下。

因为汉代施行的是"孝道治天下"，所以普通人想当官只有通过举孝廉才能当官。皇帝是全国之主，上行下效也应当要孝敬父母。

汉代注重对孝悌的传承，汉文帝刘恒当属实践这一主张的典范。

汉文帝是汉高祖刘邦的第三个儿子，他的母亲薄姬，是楚汉相争时魏王魏豹的一个姬妾。汉文帝做了皇帝后，他的母亲薄姬便成为皇太后。汉文帝从小就奉行孝道。他被封为代王时，生母薄太后跟随他住在一起。汉文帝与母亲感情深厚，倾心地侍奉母亲，尽力让她感到快乐和满足。

人吃五谷杂粮，肯定也会生病，薄太后老了，经常生病，汉文帝关心备至。他的母亲卧病3年，身为人子，他不把自己当成有权力的皇帝，而是经常衣不解带，不眠不休，伺候母亲，从不懈怠。

作为一个皇上，手下有那么多的侍从奴才，但是汉文帝亲自伺候母亲，询问病情，亲自熬药。每次太医给母亲开的药，熬好以后，汉文帝都要亲自品尝，然后才侍奉母亲服用。

自古道："久病床前无孝子"，而汉文帝却能做到日复一日。他的仁义和孝顺感动了天下人，这种高贵的品质，让人们尊敬和钦佩。

汉文帝不仅在孝敬母亲时以身作则，对亲情也非常重视。他在对待窦皇后家族的问题上，也表现出大度的胸襟。

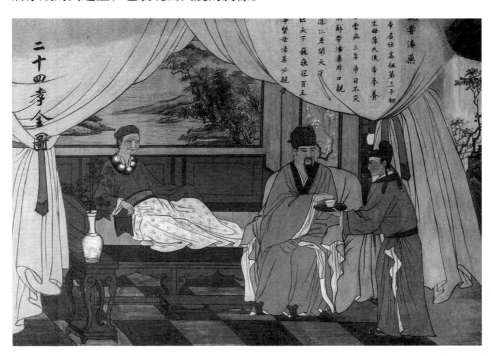

汉文帝的妻子窦漪房一直以来都有一个愿望，那就是找到已经失散多年的兄弟，其次就是对已故双亲尽一些孝道。虽然窦漪房已经贵为皇后，但她依然不敢提出这样的要求，因为当时薄太后正忙于尊礼薄氏祖先。她感觉不该和老太太攀比。

但窦漪房一个好心的决定帮了她的大忙，就在她被册封的那一天，她向汉文帝提议，宴请天下所有鳏寡孤独之人，并赐给生活穷困之人布匹、米面、肉食，对于80岁以上的老人、9岁以下的孤儿，分别赐给每人1石米、20斤肉、5斗酒、2匹帛和3斤棉絮。

以善闻名的汉文帝对皇后的建议大加赞赏，并很快实施。于是，天下老百姓都对窦漪房皇后的善心口口相传，窦漪房的家世也逐渐流传开来。

这时，一个叫窦少君的年轻人听到了窦漪房的家世。他就是窦漪房的亲弟弟，当年分别的时候，窦少君才五六岁，现在已经成人。窦少君的姐姐离开没多久，厄运就降临窦少君身上，由于哥哥在外面劳作，家里没有人看管，窦少君被拐走了。他先后被拐卖多次，最后在河南宜阳一户财主家当了奴仆。

后来，窦少君跟着主人来到了长安。有一天窦少君在卦摊算了一卦，想看一下自己的命运如何，不料抽到一个上上签。算卦的老头说他在不久的将来就会大富大贵。窦少君打死也不信自己会有大富大贵，对算卦老头说的话并没有放在心上。

窦少君从卦摊回来的路上，听到了皇后窦漪房的故事。窦漪房？当他听到这个名字的时候，怔了一下。自己当年被送进宫的那个姐姐不也叫窦漪房吗？再联想刚才算卦老头说的话，他有点将信将疑了。有希望总比没希望好，于是他豁出去了，向皇帝上书，说自己是皇后失散多年的亲弟弟窦少君。

汉文帝看了这封信，问窦漪房怎么回事。窦漪房只好把自己的身世一五一十地向汉文帝说了。

汉文帝听了，捶胸顿足，说自己有愧于皇后，只顾自己的亲人，却把妻子的亲人忘记了。于是，他和窦漪房一起召见窦少君。

窦皇后的相貌虽然改变了不少，但是窦少君还是认得出来。但是窦漪房已经认不得弟弟了，因为当初离开的时候弟弟才五六岁，如今已经长大成人。

窦漪房怕误认，那样将带来不堪设想的后果。于是她问窦少君有什么证据证明他就是自己的弟弟。

窦少君不仅把父母怎么死的说了出来，还回忆了当年姐姐离开他的情景，最后一次给他洗头发，最后一次做饭给他吃等。说着说着就忍不住流下泪来。

这时候，窦漪房再也控制不住自己的情绪了，跑下去和弟弟紧紧拥抱在一起。这一幕被史官详细地记录了下来。书上说，当时不仅大汉的皇帝感动得落泪了，连旁边的宫女也跟着哭泣。

汉文帝为了表达自己的愧疚之情，赏赐窦少君大量的财产和田地。窦漪房深知汉文帝勤俭节约的品性，不可因为自己而破例，只让弟弟接受了足够养活他的部分财产和田地。不久又拿出自己的金银首饰来弥补汉文帝赏赐弟弟所造成的亏空。有这样一位贤明的皇后，汉文帝这一辈子也就满足了。

不久窦漪房的哥哥也找到了，三兄妹终于团聚。今日不同往昔，三兄妹谁也不会想到会有今天。汉文帝照例又要赏赐窦漪房的哥哥，但又被窦漪房阻止。

照理说，这是窦漪房的家事，与别人无关，可是她是皇后，皇后没有家事，皇后的一切事都是国家大事。杯弓蛇影的大臣们见窦漪房突然冒出来两个年轻力壮的兄弟，有点吃不消了。他们担心窦漪房会出来后宫干政，要把隐患消除在萌芽状态之中。其实连萌芽都没有，一切只是大臣们的假想。

一次早朝，几个串通好的大臣联合起来对汉文帝进谏，大意是说窦氏兄弟都是鲁莽之徒，没有任何文化素养，不应该依靠皇后的裙带关系而加官晋爵，让他们做富贵闲人。并且还要挑选德高望重、学识渊博的大臣与他们比邻而居，教导监督他们，以防止他们滋事扰民。

汉文帝没有立即答复大臣们的进谏，尽管他相信窦漪房绝无干政的可能，但历史上后宫的祸国殃民仍然使他如芒在背。当天晚上，他把大臣的进谏对皇后说了，面露为难之色。

善解人意的窦漪房马上解除了汉文帝的忧虑，她说大臣们的进谏是对的，哥哥弟弟没有读多少书，正需要教导。最后又强调一句，无论汉文帝做怎样的决定，她都支持。

在窦漪房的辅佐下，西汉时期政权也能继续由汉高祖刘邦时期定下的"以民生息"、"无为而治"的精神，把汉王朝推上了强盛的高峰。

汉文帝不仅在处理家庭事务上有仁爱之心，在治国方面也将他儒家的仁爱普泽天下。在位期间，他继承执行与民休息和轻徭薄赋的政策。他两次把田租减为三十税一，甚至 12 年间免收全国田赋。他兴修水利，加速发展农业生产。

他减轻刑罚，取消了连坐法和割鼻、砍脚、脸上刺字等肉刑；逐步削弱诸侯王势力，以加强中央集权；驻军北方，迁百姓住在边境，增强北部边境的防御力量。大汉王朝由此逐渐趋向安定，并一度呈现出富庶景象。

后来的景帝继承推行汉文帝的政策，历史上将汉文帝、汉景帝时期的统治，誉为"文景之治"。据说，到景帝时期，国库里的钱堆积成山，穿钱的绳子都腐烂了；粮仓满了，粮食堆在露天，有的都发霉腐烂了。可见物质基础已经相当丰厚。

总之，汉文帝是一个非常孝敬母亲的皇帝，也是一个非常注重亲情的皇帝，他做到了一个好皇帝应该具备的素质，也为大汉百姓和世界留下了一片灿烂光辉。

"文景之治"在汉代是最辉煌的时代，超过从前历史任何时候的繁荣，这也是一个注重孝道和亲情的皇帝的功德。

缇萦上书救父废除肉刑

淳于意是汉文帝时齐临淄（即今山东淄博东北）人，曾任齐太仓令，精医道，善于辨症诊脉，曾治好过许多疑难杂病。

淳于意自幼热爱医学，精于望、闻、问、切四诊，尤以望诊和切脉著称。因其经常拒绝对朱门高第出诊行医，被富豪权贵罗织罪名，送京都长安受肉刑。

他的幼女缇萦年方15岁，随父起解西入长安，一路上照顾老父的行程。缇萦抱定一死的决心，选定灞桥作为她犯颜上书的地方，她双手高举预先准备好的书状，静等皇帝车骑的到来。

皇帝的车骑终于出现在眼前，当左右武士把瘦小的缇萦押到皇帝跟前，汉文帝看到的是一个泪流满面的弱女子，他的内心深处立即涌起一股怜惜的心情。

他吩咐左右接过她的书状，并展开阅读："我父亲做官时，齐地一带老百姓都称赞他廉洁公平。如今犯了罪，应该受罚。人死不能复生，受肉刑断了手足也不能再长出来，虽然想改过自新，也不可能了。我情愿给官府做奴婢，替父赎罪，让他有一个改过自新的机会。"

汉文帝看到缇萦写的信后，深受感动，没有想到这么年轻的少女能有如此的智慧和文才，就免了她父亲的罪，并下令废除了肉刑。

与日同辉的天文学家刘洪

刘洪是汉光武帝刘秀侄子鲁王刘兴的后代，自幼受到了良好的教育，青年时期曾任校尉之职，对天文历法有特殊的兴趣。160 年，他的天文历法天才渐为世人所知，被调任太史部郎中，执掌天时、星历。

此后 10 余年，他积极从事天文观测与研究工作，奠定了坚实的天文历法基础。在此期间，他与参与人一起测定了二十四节气，以及太阳所在恒星间的位置、午中太阳的影长等天文数据。

约 174 年，刘洪关于太阳、月亮和“金、木、水、火、土”五大行星的天文学专著《七曜术》，引起了朝廷的重视。汉灵帝特下诏派太史部官员对其校验。刘洪依据校验结果，对原术进行了修订，写成《八元术》。测量天文数据和写成天文学著作，是他步入天文历法界的最初贡献。

鉴于刘洪在天文历算上的造诣，蔡邕推举他到东观一同编撰《东汉律历志》。蔡邕善著文、通音律，刘洪精通历理和算术，两人优势互补，出色完成了编撰任务。刘洪随即提出的改历之议虽然并未获准，但他却因此名声大振，成为当时颇负众望的天文学家。

此后，他主持评议王汉提出的交食周期的工作，又参与评议冯恂和宗诚关于月食预报和交食周期的论争。刘洪以其渊博的学识和精当的见解，均获得高度赞誉。不久，他初步完成并献上他的《乾象历》。

由于历中对月亮运动的描述，具有明显的优越性和可靠性，当即被采纳，取代了东汉《四分历》中的月行术。

约 189 年，汉灵帝任刘洪为山阳郡。在这以后大约 10 年的时间里，刘洪在努力料理繁重政务的同时，继续改良和完善他的《乾象历》，并注意培养学生，力图使对天文历法的研究后继有人。

当时著名的学者郑玄、徐岳、杨伟、韩翊等人都曾先后出其门下，这些人后来为普及或发展《乾象历》做出了各自的贡献。

206年，刘洪最后审定完《乾象历》，把积累多年的研究结果加了进去。虽然刘洪生前没有看到《乾象历》的正式颁行，但他数十年心血没有白费，经徐岳的学生阚泽等人的努力，《乾象历》于232年至280年正式在东吴颁行。

刘洪的《乾象历》创新颇多，不但使传统历法面貌为之一新，且对后世历法产生巨大影响。至此，我国古代历法体系最后形成。刘洪作为划时代的天文学家而名垂青史。

刘洪的《乾象历》确立了很多历法概念及经典的历算方法，是我国古代历法体系最终形成的标志，其中对月亮运动和交食的6项研究成果，具有划时代的意义。

第一项成果：提出朔望月和回归年长度两值偏大。刘洪在研究中发现，

根据前人所取的朔望月和回归年长度值推得的朔望弦晦及节气时刻，总滞后于实测值。经过数十年潜心思索，他大胆提出上述两值均偏大的正确结论，并进行修正。

刘洪通过实测，用推算出的新数据取代旧数据，不仅具有提高准确度的科学意义，而且他那种

敢于突破传统观念、打破僵局的勇敢态度为后来者树立了光辉的榜样。

第二项成果：刘洪确立近点月概念和它的长度计算方法。

刘洪在《乾象历》中对月亮近地点的移动作了精辟的总结，得出了独特的定量描述方法。月亮的运动有迟有疾，其近地点也不断向前移动。

刘洪经过测算，得出月亮每经一个近点月时，近地点前推进的数值，又进一步建立了计算近点月长度的公式，并明确给出了具体数值。我国古代的近点月概念和它的长度的计算方法从此得以确立，这是刘洪关于月亮运动研究的一大贡献。

第三项成果：刘洪解决了后世历法定朔计算的关键问题。

刘洪长期坚持每日昏旦观测月亮相对于恒星背景的位置，获得了大量的第一手资料，进而推算出月亮从近地点开始在一个近点月内的每日实际行度值。

刘洪把月亮每日实行度、相邻两日月亮实行度之差，每日月亮实行度与平行度之差，和该差数的累积值等数据制成表，即月亮运动不均匀性改正数值表。这就是月离表，为刘洪首创。

要想求任一时刻月亮运动相对于平均运动的改正值，可依此表用一次差内插法加以计算。这个定量描述月亮运动不均匀性的方法和月离表推算法，是我国古代历法的经典内容之一，后世莫不从之。

在《乾象历》中，该法仅用于交食计算；实际上月离表已经解决了后世历法定朔计算的关键问题。

第四项成果：刘洪确定了黄白交点退行概念的确立和退行值。

刘洪确立了黄白交点退行的新概念，虽然他没有给出交点月长度的明确概念和具体数值，但实际上已经为此准备了充分和必要的条件，为后世的发展奠定了结实基础。而黄白交点退行概念的确立和退行值的确定，是刘洪在月亮运动研究方面又一重大进展。

第五项成果：刘洪建立了月亮运动轨道，即白道的概念。

刘洪对月亮运动研究的另一重大成就是关于月亮运动轨道，即白道概念的建立。这标志着自战国以来对月亮运动轨迹含混不清的定性描述局面的结束。

刘洪给出的黄纬值为 6.1 度，误差 0.62 度。刘洪还给出了月亮从黄白交点出发，每经一日距离黄道南或北的黄纬度值表格，可由该表格依一次差内插法推算任一时刻的月亮黄纬。这就较好地解决了月亮沿白道运动的一个坐标量的计算问题。

研究表明，这一方法推得的月亮黄纬值的误差仅为 0.44 度。此外，刘洪还给出了月亮距赤的度距的计算方法。这些表述和方法都对后世历法产生了深远影响。

第六项成果：刘洪对交食周期的探索。刘洪提出 11045 个朔望月正好同 941 个食年相当的新交食周期值，推得一个食年长度，其结果的精度大大超过前人及同代人。

除上述研究成果外，刘洪在五星运动研究上也取得了一些进展。如关于五星会合周期的测算，在东晋以后，就被《乾象历》的五星法所取代，并自此沿用了百年之久。所以《乾象历》的五星法无论在当时还是在其后较长一段时间内，都是很有影响的。

刘洪取得了一系列令人瞩目的天文学成就，这些成就的显著特点是"新"和"精"，或是使原有天文数据精确化，或是对"新天文概念"、"新天文数据"、"新天文表格"、"新推算方法"的阐明，大都载于《乾象历》中。难怪有人称赞《乾象历》是"穷幽微"的杰作。

刘洪的《乾象历》使传统历法的基本内容和模式更加完备，他所发明的一系列方法成为后世历法的典范。这些成果，成为我国古代历法体系最终形成的里程碑，已经被载入史册。

视其所以

子曰："视其所以①，观其所由②，察其所安③。人焉瘦④哉？人焉瘦哉？"

子曰："温故⑤而知新⑥，可以为师矣。"

子曰："君子不器⑦。"

【注释】

①所以：所做的事情。

②所由：所走过的道路。

③所安：所安的心境。

④瘦：隐藏、藏匿。

⑤故：已经学过的知识。

⑥新：刚刚学到的知识。

⑦器：器具。

【解释】

孔子说："考察一个人的所作所为，观察他的经历、办事的手段和方法，考察他的心境。那么，这人还怎能隐藏得住？这个人还怎能隐藏得住呢？"

孔子说："在温习旧知识时，能有新体会、新发现，这样就可以当老师了。"

孔子说："君子不像器具那样（只有某一方面的用途）。"

孔子认为，不断温习所学过的知识，就可以获得新知识。这一学习方法不仅在封建时代有其价值，在今天也有不可否认的适用性。人们的新知识、新学问往往都是在过去所学知识的基础上发展而来的。因此，温故而知新是一个十分可行的学习方法。

【故事】

吴王阖闾称雄一时

公元前 515 年，因王位继承问题，阖闾以宴请吴王僚为名，派勇士专诸将剑藏在鱼腹中，趁上菜之机刺杀了吴王僚。这就是历史上著名的"专诸刺王僚"故事。刺杀吴王僚后，阖闾夺得吴国王位，史称"吴王阖闾"。

这时的吴国虽已强大起来，但仍有不少困难，譬如：常受江河海水的侵害，军事防御设施尚不完备，国家和人民的安全没有保障；国家粮仓还没有建立，荒地也没有充分开垦；西边的楚国已成为雄踞中南的泱泱大国，南边的越国也具有很强的实力，对吴国构成很大威胁。

在这种严峻的形势下，具有政治胆识的阖闾大力搜罗人才，任贤使能，采纳良策，听取民声。他任用了楚国旧臣伍子胥，听取其振兴吴国的建议。并召伍子胥为行人，以伯嚭为大夫，共谋国事。

经伍子胥推荐，阖闾亲自召见军事家孙武，孙武献出了自己的军事著作兵法 13 篇。当时正是吴国振兴霸业之机，阖闾读了很感兴趣，封孙为将军。

阖闾让伍子胥主持修建的阖闾大城，就是今天的苏州古城，他还设置守备，积聚粮食，充实兵库，为称霸诸侯做准备。

经过几年的努力，吴国不断发展壮大。百姓丰衣足食，乐于为国家而献身。

这个时候，吴国具有了强大的经济实力，阖闾开始把重点转向军事上的发展。他教导吴国的士兵和将领加强训练，以适应与中原诸侯国作战的需要。

阖闾还重用军事家孙武，提高战术素养。加紧制作锋利的宝剑，以供战争之用。一切准备就绪，阖闾首先把矛头指向了西边强大的楚国。

公元前506年，吴王阖闾率军伐楚，在"柏举之战"中大败楚军，主帅令尹子常狼狈逃窜。楚军失去主帅，惨败溃逃。

此后，吴军又连续5次击败楚军，仅10天即进入楚国国都郢，创造了春秋时期攻占大国都城的先例。楚昭王惊慌出逃，后在秦国的帮助下才重返国都。

"柏举之战"是春秋末期一次规模宏大、影响深远的大战，史学家范文澜称它为"东周时期第一个大战争。"史学家吕思勉称它为"我国历史上以少胜多对比最悬殊的战役。"

吴国战胜强大的敌人楚国后，给楚国以巨大的创伤，使吴国声威大振，为吴国进一步争霸中原奠定了坚实的基础。

公元前 507 年，阖闾亲自率领大军，迎战前来进攻的越国军队，大败越军。

公元前 504 年，阖闾率军再次伐楚，迫使楚国迁都于郢。从此，吴国威震中华。

公元前 496 年，阖闾兴师伐越国，两军在今浙江省嘉兴南交战，史称"槜李之战"。

在战斗中，越大夫灵姑浮挥戈击中阖闾，斩落他的脚趾。阖闾身受重伤，在败退途中，死在陉地，距槜李仅 7 里许。后葬苏州虎丘山。

当时，吴国的实力远超过了越国，但在"槜李之战"中越国却战胜了吴国，这就教育了吴国的执政者，要争霸中原，必先灭掉越国，以扫除后顾之忧。

大概正是由于这个原因，所以阖闾在临死前嘱咐自己的儿子，绝不能忘记这一深仇大恨。他只好把辉煌留给了他的后人。

吕不韦巨富不忘大义

秦王朝结束了自春秋起 500 年来诸侯分裂割据的局面，成为历史上第一个以汉族为主体、多民族共融的统一的中央集权制国家。这一伟大的历史性功绩，是和吕不韦的义举分不开的。

吕不韦是战国末期卫国著名商人，后来成为秦国丞相，为秦的统一事业做出了贡献，也在一定程度上反映出这一时期人们对义与利的态度。

吕不韦出生在一个商人家庭，但在父辈以前都是做小本生意的，等到自己当了掌柜，他不顾众人反对，决心涉足于盐铁等暴利行业。吕不韦精于商道，第一次出马便大显身手，在齐国都城临淄换币时与皇族亲属田单相识。田单当时任齐都临淄的市掾，就是管理市场的小官。

吕不韦爱结交，重大义，田单对他大为欣赏，一番畅谈之后，两人结为至交。吕不韦视对方为师，田单则将一部分家族事业交给吕不韦操持。

后来，齐、燕两国开战，齐国遭遇灭国之难，幸有田单在死撑。死撑的关键是物质的援助，而此时的吕不韦倾其所有，在海上为齐国开辟了一道生命线。

过了数年，齐国复国，吕不韦受到田单庇护，事业更是顺风顺水，一时间，已是中原大地上数一数二的巨商了。这时的吕不韦，开始树立了"欲以并天下"的志向，并以此驾驭着自己的事业。

在当时，秦国是个强国，秦昭王在位，太子是安国君。安国君有 20 多个儿子，都可能成为第三代继承人。在安国君的 20 多个儿子中，有一个儿子叫子楚，他作为秦国的质子去赵国。秦、赵两国常打仗，子楚的地位、处境都不好。

吕不韦到赵国都城做生意时，见到了子楚，很同情他的遭遇，同时也想到可以在子楚身上投资，他日可得大利。于是，吕不韦和子楚说："我决定拿出一笔钱来，助您成为继承人，将来成为秦国的君主。"

子楚高兴地说："你

的计策真地成功了，我将与你分享秦国。"

吕不韦知道，安国君最喜欢华阳夫人，就教子楚一步步取得华阳夫人的欢心。华阳夫人自己没有生儿子，也需要将来有一个听话的儿子辈，于是华阳夫人在安国君面前极力说"子楚贤"，安国君就立子楚为继承人。

秦昭王去世，安国君为王，但一年就去世了。太子子楚立，就是庄襄王。

庄襄王以吕不韦为丞相，封为文信侯。3年后，庄襄王去世，接着是其子秦王政即位，这就是后来的秦始皇。吕不韦的地位依然很高，已经是亦商亦政了。

吕不韦曾经说过："谋国之利，万世不竭。"果然如其所愿。这可以说是古代历史上最大的一笔生意。但不可否认的是，吕不韦从大局着眼，帮助子楚登上王位，稳定了秦王室，无疑也对后来的天下统一起到了关键性作用。

吕不韦曾经说："天下非一人之天下，乃天下人之天下也。"意思是说，天下不是一个人的天下，是天下人的天下。他认为，天下既然是天下人的天下，作为天下人，就不能以一己之私，肆意妄为，而应该以天下为大义。

早在庄襄王刚去世，秦国大旱，民不聊生。六国巨商联手大乱秦市，囤积居奇，投机倒把，不谙商战的秦国官市被连连挫败。形势万分危急，吕不韦大义当先，为秦国大战六国巨商，不仅不取秦国国府一分一毫，还举自家财货垫进了这个无底洞。

吕不韦以一家之力对抗六国巨商，压力巨大。山穷水尽时候，巴国巨商富户巴寡妇清施以援手，后来物价平抑，吕不韦才渡过了难关。

说到吕不韦的义事，不得不提鱼鹰游侠护商马队。这个护商马队最初只有一个人名叫荆云，这名壮士为了回报吕不韦的恩情，发展了100多名壮士入伙。本来，吕不韦为了完成子楚回国的秘密计划，已经将这群壮士遣散，但在迎接子楚回国最危难的时刻，他们出现了。

这些商旅护卫为了吕不韦和子楚安然脱赵，以百人之数敌几千赵国精锐，最后全部战死，致使以养士骄人的赵国政治家平原君至为惊叹。更令人赞叹的是，这些人虽被吕不韦遣散，却不惜争相毁容，生死追随，最后牺牲殆尽。

吕不韦得知荆云等人去世后，好不心痛，在壮士坟前惨然作歌：

烈士死难兮，我心沧桑，

长歌当哭兮，大义何殇！

说罢一头撞向墓碑。此后，长达半年，他变得苍老不已，而且心智恍惚，心中没有一丝生气。吕不韦在身心俱疲之际，高呼"大义何殇"，其心底的亮色仍是大义为重。

吕不韦生平所交往的各色士子不计其数，而终其一生，鲜有疏离反目者。他虽然出身商旅，却坚信"义为百事之本，大义所至，金石为开"。

吕不韦的门客义士有360多名，他后来因嫪毐事件失势，门客们离别之时，感慨唏嘘不能自已，参与《吕氏春秋》主纂的30多个门客更是大放悲声，每个门客都对吕不韦肃然一躬辞行，举步回头间都是赳赳一句："吕公若有不测，我闻讯必至！"

因为待人待客爱挥洒金钱，爱结交豪杰，更能放眼天下，着眼于国家大义，吕不韦怎能不得人心？怎能做不成天下第一的大买卖？怎能不成就其三朝元老的大功业？

显而易见，吕不韦眼中的义与利的关系，不是"熊掌与鱼"的关系，而是"熊与熊掌"的关系，即没有熊，就没有熊掌，也就是说，只有大义壮实，熊掌才能肥厚。他在经商和从政生涯中，无事不以大义为本，因而才能获利。吕不韦的一生虽然曾受病垢，但他的大义之举仍为世人所称道。

巴寡妇清仗义援国

秦代初年的巴寡妇清，也在义利问题上表现得非同凡响，成为被后世赞誉的女中豪杰。

巴寡妇清，秦代长寿属巴国的枳县人，是古代历史上第一个女实业家。清，本是她的名，因她早年丧夫成为寡妇，出生巴郡，故称"巴寡妇清"。

巴寡妇清出身寒微，少年时跟父亲学习诗书，因为相貌与气质出众，嫁给了当地一位青年企业家。巴寡妇清的祖辈一代，在家乡枳县发现了丹砂矿，并将丹砂冶炼提取水银销售。丹砂即后来所称的朱砂。经过几代人的辛勤经营，积累了不少财富。

至巴寡妇清这一代，她经历了很多磨难。事业有成的丈夫英年早逝，面对地方封建势力的世俗偏见和族人的觊觎、侵犯，她毅然维护、继承了采砂炼丹的祖传实业，这就是当时勃勃兴起的开汞炼丹业，同时她还决定，从此不再嫁人。

巴寡妇清无论寒冬酷暑，她钻丹穴，进高炉，架锅添柴，事事亲为，多方讨教，很快掌握了朱砂冶炼提取水银的"核心技术"，还大大提高了生产效率。

这位常年耕耘在深山坳的单身女人，有胆有识，精明能干，经营有方，凭借出色的炼丹技术和过人的商业头脑，冲破大山与峡谷的阻碍，一手推动家族企业成为垄断全国丹砂水银行业的"商业帝国"，以至于积累的财富不可数计，终于成为富甲一方的巨商。

巴寡妇清的家势十分了得，据记载她家仆人上千、工人及士兵多达上万人，而当时她所在的枳县的总人口才不过四五万人。她的私人武装保护一

方平安，并被作为成功民营企业家受到越来越多的人尊崇。被乡人奉为"活神仙"。

　　秦始皇统一六国后，收尽民间所有的兵器，甚至于是铁器，又怎么会让一个民间女子自己家里组建一支成千上万人的武装队伍？这与巴寡妇清经营的丹砂有很大关系。

　　在历史上，丹砂历来与卜筮、仙丹、皇权和剧毒联系在一起。早在商周之际，巫巴山地诸巫就已经掌握并开始施用"不死之药"丹砂了。丹砂很早就在我国出现，当时主要用于医药和建筑。商代时，巴寡妇清的先辈已懂得利用汞的化合物来医治癫疾或做镇静类的药物。当时只是将丹砂碾成粉状，纯属一种原始的利用。

　　后来丹砂的用途得到进一步推广：美容、食用养生、防腐、做颜料等，而这些用处大多为当时的帝王将相所需求。从西周时期至秦始皇统一全国，服食金丹一直是各国帝王渴求长生不老之方。

　　至秦代，秦始皇更是渴求长生不老，于是要人用丹砂炼长生不老之丹；帝王将相之墓需要用丹砂进行防腐；当时各国崇尚赤色，历代帝王的宫殿、台阶均为赤色，称为"丹墀"，也需要大量的丹砂。

巴寡妇清身处大山，却放眼天下，她看准秦始皇统一天下后寻求长生不老之药，炼丹原材料的丹砂将供不应求的商机，果断增大产量，打通水陆两条运输线，在咸阳、长安、中原地区广设经销网点。

当时的巴国是全国最大的丹砂供应地，巴寡妇清是先秦时期最大的丹砂业主。很多从业多年的师傅刮目相看："这个娇柔女子能成大事！"

巴寡妇清为富能仁，除了全力以赴搞好劳工福利待遇，积极扶贫济困，维护乡里乡外，还在大秦的统一过程中做出了难以估量的贡献。

那是在秦国统一天下之前，关中地区曾经连续两年发生大旱。河道干涸，蝗虫大起，夏秋颗粒无收，庶民囤粮十室九空。这时，六国巨商乘机联手，大乱秦国市场，秦官市被连连挫败，致使秦国物价飞涨。当时虽有一方巨富吕不韦举私财垫付国库，但以一人之力大战六国巨商，压力之大，可想而知。

就在吕不韦决意冒险开启关中两座谷仓之时，巴寡妇清派水手班头带领船队，装满稻谷，发至潼关渡口，在转交的竹简上说："现以平价卖粮于秦，三年之后，再收粮金。"

由于巴寡妇清在秦国危急关头施以援手，使秦国平抑了物价，渡过了难关。

后来，秦王嬴政扫平六国，统一天下，建立了我国历史上第一个集权专制的封建王朝。为了防御外敌，巩固政权，秦始皇决定增强边疆防卫，便下令全国州郡派款抽丁，修筑万里长城。

巴寡妇清平时便以财助困，广做善事。得到秦始皇派款抽丁筑长城的诏令后，她认为保家卫国，人人有责。于是，便捐出银钱万余两，给朝廷修筑长城。

巴寡妇清的几次慷慨相助，让秦始皇为她的疏财捐资的义举和图强兴业的节操所感动，立即降旨，册封巴寡妇清为"贞妇"。

秦始皇在治理国家方面大兴改革的同时，却没有忘记给自己修建秦始皇陵。而修建皇陵地宫需要无法估算的水银。消息传来，巴寡妇清快速投身进去，抢得先机，最终因质优价廉，一举成为垄断该行业的国家供应商。

秦始皇陵以水银为百川江河大海，机相灌输。据后来的考古研究勘查推论，陵墓地宫里的水银保守估计至少有 100 吨。

后来，秦始皇念巴寡妇清在乡下孤寡无后，便下诏请她住进皇宫，给以公卿诸侯的高级礼遇。从此，巴寡妇清的事迹"名显天下"。然而，这位有感皇恩浩荡的女实业家，到咸阳后不久就卧病不起，几经御医治疗无效，最终客死京城。

秦始皇遵照她的生前遗愿，将她的遗体护送回家乡，葬于巴郡枳县青台山。并下令为她修筑怀清台，寄托自己无限的哀思，表达对清的怀念和敬意。

从此，青台山便更名为"贞女山"。山上修筑的山寨，因秦始皇称"祖龙"而名"龙山寨"。巴寡妇清所葬的墓穴，称"寡妇坟"，又称"神仙洞。

对于巴寡妇清的义举和遗迹，后代多有记述。汉代史学家司马迁在《史记·货殖列传》、晋代《华阳国志·巴志》、唐代《括地志》和《一统志》《地舆志》《州府志》《舆地纪胜》，以及历代修编的《长寿县志》，对巴寡妇清的生平事迹均有记载。

历代名人、学士也来贞女山龙山寨怀清台，凭吊她的高风懿德，考察她的仙踪遗迹。清代学者任应沅和明代诗人金俊明，都对龙山寨、怀清台，进行了具体描绘。

明末诗人金俊明有诗道："丹穴传赀世莫争，用财卫国能守贞。龙祖势力倾天下，犹筑高台怀妇清。"

巴寡妇清的事迹，被载入史册，千古传颂，成为后人心目中膜拜敬仰的女中豪杰。

司马迁大义退玉璧

司马迁是西汉时期史学家，曾在西汉武帝时任太史令。他对义与利的认识，基于对先贤思想的批判继承和创新。他一方面批判地继承了前代儒家思想中合理可取的方面；另一方面又唯物求实地扬弃了空疏而不合理的方面，构建起自己崭新的、独具远见的义利理论，从而极大地丰富了汉代初期治国思想。

司马迁说："礼生于有而废于无。"意思是说，礼生于富有而废弃于贫困。这类似于管仲所说的"仓廪实而知礼节，衣食足而知荣辱"，都是说经济基础对上层建筑的重要作用。他认为利是义的物质基础；求富有正道，"奸富"不可取，认为义对利有制约作用。

作为世界文化巨人和我国传统文化的杰出代表，司马迁奇妙和恰到好处地将"义"与"利"结合起来，既鼓励人们逐利、求富，又反对为富不仁、为富不义，认为人们争利应当采取正当手段，也就是要符合"义"。在他看来，"义"与"利"是对等的，是统一的。这是司马迁的独特贡献。

司马迁把义利并重、义利相宜的义利观，融于自己的著作与思想体系之中，达到前人和后人均未能达到的高度。与此同时，司马迁在人格境界的提高方面，在日常社会生活中，也是一个大义为先，廉洁自律的人。

有一天，司马迁正在书居中翻阅史书，忽然家仆来说门外有客人求见。他放下手中的书，示意有请。

不一会，一位家仆打扮的人走进屋来，只见那人从怀中取出一封信和一个精致的小盒子递给司马迁。司马迁打开信一看，原来是大将军李广利写来的。

这时，司马迁的夫人和女儿妹娟走了进来。妹娟好奇地打开那个小盒子。只见里面放着一块晶莹剔透、光彩夺目的玉璧，不禁脱口赞道："真好看！这真是稀世之宝啊！"

司马迁闻声，也不由自主地接过玉璧，翻来覆去地玩赏着。口里也赞叹道："是啊，如此圆润，这般光洁，真可谓白璧无瑕啊！"

站在一旁的司马夫人见此情景，开口问道："莫非大人想要收下此玉？"

司马迁笑笑说："便是收下又能怎样？而今送礼受贿已成风气，朝廷内外，举国上下，两袖清风者又有几个？"

夫人听罢，愤然地说："送礼受贿，投机钻营，历来为小人所为，大人对此一贯深恶痛绝，今日不知为何自食其言。不错，收下此礼也许不会有人追究，但只怕是要玷辱了大人的人格！"

司马迁一听，"扑哧"一笑，说："夫人所言正是。我只是故意考验你，你竟当真了。"

接着，他又转过身来，语重心长地对女儿说："此玉之所以美，就是因为它没有斑点、污痕，人也如此。我是一个平庸之辈，从不敢以白璧来比喻自己，但如果收下这份礼物，心灵上就会沾染上污痕。"

说着，司马迁把玉璧装回盒中交给家仆，随即又挥笔给李广利写了一封回信，表达了他的谢绝之意。

　　玉璧是非常珍贵的东西，不但有观赏价值、收藏价值，而且可以增值，况且被人送来可谓赠品。可是，司马迁却坚决拒绝，为什么呢？因为司马迁有真正的人生见识，不是自己劳动所得坚决不要。

　　司马迁如果平白无故地接受了别人送给他的白璧，那么就等于欠别人一个人情，今后那个人就会以送过白璧为由，请司马迁为他做一些事情；而司马迁可能会看在收过白璧的分上，做出一些对送白璧人有利的事。这样一来，司马迁犯错误，使他自己心灵的这块白璧增加斑点与污点，因而丧失人格。

　　白璧的可贵，就在于没有斑痕、污点，无瑕的白璧才有价值。由此可见看出，司马迁的廉洁与自爱。对于财富之利，司马迁曾经在《货殖列传》写道：

　　　　天下熙熙，皆为利来；

　　　　天下壤壤，皆为利往。

　　大意是说，普天之下，芸芸众生为了各自的利益而劳累奔波，乐此不疲。这句话反映出司马迁受到先秦乃至秦汉时期"农本"思想的影响，但并未含轻商、贱商之意。表明司马迁已朦胧地意识到了物质利益规律是人类社会正常运行的第一驱动力，反映了其财富观的唯物主义倾向。

　　对于凭不义之财而富且贵的所为，司马迁在《货殖列传》中给它一个名字：奸富。他说："本富为上，末富次之，奸富为下。"那时是农耕社会，本富是依靠农、牧、林、果、渔业的生产收入而致富；末富是指经营工商业、高利贷而致富；奸富是指违法犯禁而致富。

　　司马迁同时指出："求富有正道，奸富不可取。"对作奸犯科、杀人越货、贪赃枉法、掘冢盗铸伪币、赌博斗驱等非法手段得来的财富——不可取的不义之财，司马迁持明显的否定态度。

人对于不义之财的态度关系到一个人的前途和命运，富贵不能强求，富与贵如浮云一般，强求了必然有祸患。在这一点上，司马迁的做法以及他的观点和著述实践，反映了儒家义德教化的传统，为世人树立了榜样。

富贵贫寒不以貌论

李撰是宋代人，字子约。曾布是著名文学家曾巩的弟弟。曾布在河北正定任职时，李撰担任了那里的一个小官，家中一向贫寒，生活俭朴。

一次，曾布的夫人邀请李撰的母亲和妻子去她家做客。当时有个姓宋的武官，担任点狱官，他的妻子也带孩子参加了宴会。宋武官的妻子赴宴时服饰华贵，身上披珠挂翠，耀人眼目。李撰的母亲和妻子穿的是旧衣服，没有多加装饰。

赴宴时两家都带来了孩子。宋武官的孩子打扮得很漂亮，衣服也光彩华丽。李撰的孩子好像有些笨拙，然而却善于诵读诗书。来参加宴会的许多人都称赞宋武官的孩子，讥笑李撰的孩子。

事后曾夫人笑着对大家说："李先生目前虽然贫寒，但他的孩子个个都是优秀的人才，将来前途不可估量。宋武官的孩子，虽然穿戴整齐华丽，我看将来也只能是为人跑腿的材料罢了。"

后来，李撰的五个儿子，其中三人做到侍从的官职，两人为郎官。宋武官的儿子，仅仅做了个小小武官。果真像曾夫人所预言的。

我国数学史上的牛顿刘徽

刘徽出身平民，终生未仕。他在童年时代学习数学时，是以《九章算术》为主要读本的，成年后又对该书深入研究。在长期研习过程中，他发现《九章算术》奥妙无穷，但同时也发现了其中存在的问题。

在当时，刘徽所面对的，是一分堪称丰厚而又有严重缺陷的数学遗产。

其基本情况是：《九章算术》约成书于东汉之初，没有具体的作者，当时的研究者主要有张苍、耿寿昌。此书共有 246 个问题的解法，在许多方面如解联立方程，分数四则运算，正负数运算，几何图形的体积面积计算等，都属于世界先进之列。

但《九章算术》只有术文、例题和答案，没有任何证明。张苍、耿寿昌之后的许多数学家们，尽管在论证《九章算术》公式的正确性上作了努力，但这些方法多属归纳论证，对《九章算术》大多难度较大的算法尚未给出严格证明，它的某些错误没有被指出。也就是说，刘徽之前的数学水平没有在《九章算术》的基础上推进多少，这给刘徽留下了驰骋的天地。

于是，刘徽经过深入研究后，在 263 年写成《九章算术注》，对上述存在的问题均作了补充证明。《九章算术注》的第十卷题为《重差》，即后来的《海岛算经》，内容是测量目标物的高和远的计算方法。

《九章算术注》的完成，是刘徽数学研究过程中里程碑式的成就，也使他登上了数学舞台。

刘徽在证明过程中，显示了他的创造性贡献。他建立了我国古代数学体系，并奠定了它的理论基础。这个数学体系包括以下几个方面：

一是用数的同类与异类阐述通分、约分、四则运算，以及繁分数化简等的运算法则。在开方术的注释中，他从开方不尽的意义出发，论述了无理方根的存在，并引进了新数，创造了用十进分数无限逼近无理根的方法。

二是在筹算理论上，先给方程以比较明确的定义，又以遍乘、通约、齐同3种基本运算为基础，建立了数与式运算的理论基础。他还用"率"来定义我国古代数学中的"方程"，即现代数学中线性方程组的增广矩阵。

三是逐一论证了有关勾股定理与解勾股形的计算原理，建立了相似勾股形理论，发展了勾股测量术，通过对"勾中容横"与"股中容直"之类的典型图形的论析，形成了我国特色的相似理论。

四是在面积与体积理论方面，他用出入相补、以盈补虚的原理及"割圆术"的极限方法提出了刘徽原理，并解决了多种几何形、几何体的面积、体积计算问题。这些方面的理论价值至今仍闪烁着光辉。

刘徽除了建立我国古代数学体系，还提出了有代表性的创见。主要有以下几项：

一是在几何方面提出了"割圆术"，即将圆周用内接或外切正多边形穷竭的一种求圆面积和圆周长的方法。他利用割圆术科学地求出了圆周率$\pi = 3.1416$的结果。他提出的计算圆周率的科学方法，奠定了此后千余年来我国圆周率计算在世界上的领先地位。

他还利用割圆术，从

直径为 2 尺的圆内接正六边形开始割圆，依次得正 12 边形、正 24 边形等，割得越细，正多边形面积和圆面积之差越小，他计算了 3072 边形面积并验证了这个值。

二是在《九章算术·阳马术》注解中，在用无限分割的方法解决锥体体积时，提出关于多面体体积计算的刘徽原理，具有深刻的影响。

三是创见"牟合方盖"说。"牟合方盖"是指正方体的两个轴互相垂直的内切圆柱体的相交部分。在《九章算术·开立圆术》注中，他指出了原来的球体积公式的不精确性，与此同时，引入了"牟合方盖"这一著名的几何模型。

四是在《九章算术方程术》注中，他提出了解线性方程组的新方法，运用了比率算法的思想。

刘徽还在《海岛算经》中，提出了重差术，采用了重表、连索和累矩等测高测远方法。

他运用"类推衍化"的方法，使重差术由两次测望，发展为"三望"、"四望"。而印度在 7 世纪，欧洲在 15 世纪至 16 世纪才开始研究两次测望的问题。

事实上，整个《九章算术注》在数学命题的论证上，主要使用了演绎推理，即三段论、关系推理、连锁推理、假设推理、选言推理以及二难推理等演绎推理形式。刘徽《九章算术注》不仅有概念，有命题，而且有联结这些概念和命题的逻辑推理。这就标志着我国古代数学形成了自己的理论体系。

刘徽的数学体系及其创见，不仅对我国古代数学发展产生了深远影响，而且在世界数学史上也确立了崇高的历史地位。鉴于刘徽的巨大贡献，不少书上把他称作"中国数学史上的牛顿"。

先行其言而后从

子贡问君子。子曰："先行其言，而后从之。"子曰："君子周①而不比，小人②比③而不周。"

子曰："学而不思则罔④，思而不学则殆⑤。"子曰："攻⑥乎异端⑦，斯⑧害也已⑨。"

【注释】

①周：合群。

②小人：没有道德修养的凡人。

③比：勾结。

④罔：迷惑、糊涂。

⑤殆：疑惑；危险。

⑥攻：攻击。

⑦异端：不正确的言论。

⑧斯：代词，这。

⑨也已：这里用作语气词。

【解释】

子贡问怎样做一个君子。孔子说："对于你要说的话，先实行了，再说出来，这就算是一个君子了。"

孔子说："君子合群而不与人勾结，小人与人勾结而不合群。"

孔子说："只读书学习而不思考问题，就会迷惑而没有收获；只空想而不读书学习，就有疑惑而不能解决。"

孔子说："攻击那些不同的意见，那是有害的。"

【故事】

越王勾践卧薪尝胆

战国时代，吴国和越国是两个大国。吴王夫差为了霸主的地位，加紧训练士兵，准备打败越国。此时的越王勾践并没有意识到吴国的强大。勾践的大臣范蠡经常提醒他要小心吴国，但勾践认为吴国的实力远不如自己，就没把范蠡的话放在心上。

果如范蠡所料，夫差终于出兵了。夫椒一战，勾践惨败，被迫退守会稽山。最后求和不成，只好听命于夫差，到吴国去做奴仆。

范蠡担心勾践在吴国有杀身之祸，就陪同勾践一同前往吴国，去从事养马驾车等贱役。

有一天，吴王夫差登姑苏台游嬉，远见勾践君臣端坐在马粪堆边歇息，范蠡恭敬地守候在一旁。

夫差说："勾践不过小国之君，范蠡无非一介之士，身处危厄之地，不失君臣之礼，也觉可敬可怜。"从此，夫差便有了释放勾践回国的意思。

有一次，夫差生病了。范蠡知是寻常疾病，不久即愈，便与勾践商定一计，让勾践去尝粪预测疾病，讨吴王夫差的欢心。勾践对夫差竭力奉承，夫差很是欢喜，不久身体果然复原。于是，夫差做出释放勾践君臣回国的决定。

勾践回到越国后，立志报仇雪耻。他唯恐眼前的安逸消磨了志气，就在吃饭的地方挂上一个苦胆。每逢吃饭的时候，先尝一尝苦味，还自问："你忘了会稽的耻辱吗？"

他还把席子撤去，用柴草当作褥子。这就是后来人们传诵的"卧薪尝胆"。

勾践下决心要使越国富强起来，他叫文种管理国家大事，叫范蠡训练人马。他还根据连年征战，人口稀少的具体条件，制订了一系列奖励生育的政策。全国的老百姓都巴不得多加一把劲，好叫这个受欺压的国家赶快富强起来。

勾践整顿内政，努力生产，使人丁兴旺，国力渐渐强盛起来。在这种情况下，他就和范蠡、文种两个大臣商议怎样讨伐吴国的策略。

勾践向夫差施用美人计，消磨夫差精力，使他不问政事，以加速吴国的灭亡。

他派人专门物色最美女子，把越国美女西施、郑旦献给夫差，让她们天天陪夫差喝酒、跳舞。夫差在美色的迷惑下，果然迷恋其中。

勾践还收购吴国粮食，使粮库空虚。有一回，勾践派文种去跟吴王说："越国收成不好，闹饥荒，向吴国借 1 万石粮，明年归还。"

夫差在心爱女人西施的劝说下，一口答应了。

第二年，越国农业丰收。文种把 1 万石粮食亲自送还吴国。夫差就把这 1 万石卖给了老百姓作为种子。伯嚭把这些种子分给农民，命令大家去种。

到了春天，种子种下去了 10 多天，还没有抽芽。没想到，又过了几天，那撒下去的种子全都烂了，他们想再撒自己的种子，已经误了农时。

这一年，吴国闹了大饥荒，吴国的百姓全恨夫差。他们哪里想到，这是文种的计策。当初还给吴国的那 1 万石粮，原来是经过蒸熟又晒干了的粮食。

此外，勾践还给夫差赠送木料，帮助夫差兴建宫殿，实际上是在耗费吴国人力物力。

公元前 473 年，越王勾践做好了充分准备，大规模地进攻吴国。吴国接连打了败仗，丧失了大部分领土，只剩下姑苏一座孤城了。姑苏城很快被勾践攻破，太子友也被杀了。

夫差派大臣跪在勾践的军前，请求议和。范蠡笑着说："当年我的大王被你打败，你没有攻占越国，才会有今天的下场，今天轮到你了，我们怎么会议和呢？"

夫差听了以后，觉得无颜面见伍子胥，就拔剑自杀了。

勾践得胜回国，开了个庆功大会，大赏功臣。不过此时，春秋行将结束，霸政趋于尾声，勾践已是春秋最后的一个霸主了。

公孙闩巧言祸国

战国时期，成侯邹忌是齐国的相国，田忌是齐国的大将，两人感情不和，长期互相猜忌。

一天，公孙闩给邹忌献计说："阁下何不策动大王，令田忌率兵伐魏。打了胜仗，那是您谋划得好；一旦战败，田忌不死在战场，也会死在军法之下。"

邹忌认为他说得有理，于是劝说齐威王派田忌讨伐魏国。谁料田忌三战皆胜，邹忌赶紧找公孙闬商量对策。

公孙闬想出对策，派人带着10斤黄金招摇过市，找人占卜，自我介绍道："我是田忌将军的臣属，如今将军三战三胜，名震天下，现在欲图大事，麻烦你占卜一下，看看吉凶如何？"

卜卦的人刚走，公孙闬就派人逮捕占卜的人，在齐王面前验证这番话。田忌闻言非常害怕，只好出走避祸。

齐国自从田忌出走后，屡打败仗，直到最后被秦国兼并。

荀子坚信人定胜天

荀子是战国后期的著名思想家，也是儒家重要代表人物之一。在古代思想家中，荀子是主张"人定胜天"的杰出代表。他也以自己的方式，体现了自强不息的民族精神。

荀子从小就非常聪明，10岁已有神童美誉，学问很好。长大后曾北游燕国，但是很可惜，没被燕王赏识。到他50岁时，由于齐襄王招纳贤士，许多学者都前往齐国讲学，加上齐国以藏书丰富出名，所以荀子也被吸引前往齐国。

荀子在齐国待了几年，很受齐王尊敬，被封为"列大夫"，当了齐国的顾问。因为他年纪比较大，学问又好，因此他在53岁至七八十岁间，曾三度被众人推选为"祭酒"，就是飨宴时酹酒祭神的长者。

齐国当时有些气量狭小的人不免眼红，到处说荀子的坏话。齐王听信谗言后，渐渐和荀子疏远。荀子决定离开齐国。

这时，荀子已是81岁的老翁了，心情沉重万分。听说楚国的春申君爱好贤士，决定到楚国去。春申君仰慕荀子美名，决定请他担任"兰陵令"。没想到运气坏得很，有个人向春申君进谗言，春申君考虑之后，终于辞退荀子。

荀子经过秦国，拜见了秦昭王。此时秦昭王正和范雎设计攻伐天下的"远交近攻"阴谋，对荀子讲的大道理提不起一点儿兴趣，荀子只好回到赵国。荀子走后春申君很后悔，派人到赵国四请荀子，并且再三赔不是，最后拗不过春申君的好意，荀子又回到楚国当兰陵令。

后来春申君去世了，荀子也98岁了，就辞了官，写了32篇文章，这就是传留后世的儒家名著《荀子》。

荀子的著作逻辑非常严密和严谨，充满科学精神，表明他是一个具有科学精神的人。他的科学观点是：自然界有自然界的规律，人类社会有人类社会的规律。所以不要用天象说人事。

荀子在《荀子·天论》中说道：

天行有常，不以为存，不为桀亡。

大意是说，自然界有自己的规律，不因为现在执政的是尧舜这样圣明的君主，自然界就可以风调雨顺了。也不会因为现在执政的是夏桀、商纣王这样的昏君，就地震了，发洪水了。

从这种观点出发，荀子批评了当时人们对天的各种迷信。他认为："天不下雨就去求雨，跳着求雨的舞蹈。

月亮出现了月食，大家就拿着个脸盆出来敲，说天狗吃月亮，让天狗吐出来，敲不敲都吐出来。但这种仪式只是表达心愿，不可当真。自然界是有自己的规律，它是按照自己的规律，在那儿运动的。"

荀子把"天"直接解释为自然现象，提出自然界的生产发展是天地阴阳变化的结果，这种变化没有意志、没有目的。

"天职"就是自然界自身的职能。人们看不见自然界在工作，但能看见自然界在变化，看见植物的生长，动物的生育。这是什么呢？是自然界本身具有的生机或功能。所以，在荀子这里，天就失去了它的神秘主义的色彩了。

由此，荀子指出，社会的治乱兴亡，个人的贫穷与富贵，也与天无关。荀子把人类自己的力量提升到了前所未有的高度，而人类这种力量与气概，他又把它提到了能与天地参的高度："天有其时，地有其财，人有其治，夫是之谓能参。"

这种与天地参的气概，又是人区别于众多物种之所在。如果说孟子在我国古代思想史上最先树立了伟大的个体人格观念，那么，荀子便在我国古代思想史上最先树立了伟大的人类族类的整体气概。

荀子突出了人的主宰万物而与天地并立，无须任何神意干预的奋斗理想。这种理想不同于孟子先验的内在的道德修养，而是区别人禽族类的外在的社会规范，也不是个体自发的善良本性，而是对个体具有强制性的群体要求。所以，人世的治乱，由人类来解决。

那么，人类又如何做到"制天命"达到与"天地参"呢？那就是学习，要学习礼义。荀子从人性"恶"的观点出发，强调必须用"礼"来约束、规范、节度人的自然欲求。

荀子说，人性都是天生而成的，无论贤愚，或不肖之人，其本性都一样，礼义道德等社会规范，不是与生俱来的，而是受了教育以后才会有的，圣人也是学习而来的。荀子仍像孔子那样突出"礼"，但是他更突出人的自觉实践，这才是与天地参的基础。

在荀子这里还学习到包括接触自然界、正确认识自然界的功用，使其为人类服务。他认为不能指望天，不能指望自然界，只能指望自己。只能靠自己，而且要自强，按照科学的规律来办事情。

荀子认为，人们从自然界能得到气象的报告，知道什么时候会下雨，什么时候会出旱灾，因此人们可以选择一个最合适的时候去播种，去收获。还可以从土地那里知道，什么样的土壤适合种什么样的庄稼。也就是说，人们可以去认识自然，掌握自然规律，顺应自然规律来发展自己的经济，发展自己的生产。这是一种朴素的科学发展观。而且由这种科学发展观，他得出了人应该自强不息的结论。

这不但把孔子"工欲善其事，必先利其器"的经验之谈，提到极为重要的理论高度，而且它也成为荀子整个理论的脊梁骨架。

荀子提出"天人之分"，是为了突出人的实践精神，但并不排斥而是包含着对天与人事如何相适应，相符合的重视和了解，仍然有着"天人合一"的思想。

荀子"人定胜天"思想的提出，与当时的社会背景有着直接的关系。当时社会生产力和科学水平有了提高，人类征服大自然的能力也大大提高了。新兴地主阶级关心生产并充满着改造自然改造旧的社会制度的信心。荀子的思想就是这一时代特点的体现。客观上，他对后世也产生了深远的影响。

荀子刚健奋斗的精神，赋予了"天行健，君子以自强不息"以人的品德色彩，创造性地建构了一个完整的世界观，成为整个儒家最基本和最高的哲学典籍。

荀子刚健奋斗的精神对后世的理想人格的构成有深刻影响。他在强调利用外物的同时，更强调人自身的实践。在他这里的实践则是一种自强不息、锲而不舍的奋斗精神。这种勤劳坚韧、孜孜不倦、愚公移山式的实践行动精神，

先行其言而后从

正是中华民族的优良品德。

荀子提出"人定胜天"的思想，他的这一思想被誉为"辉煌千古的一段名论"。荀子的这一点，则是发展了孔子仁学的实用性，在我国古代哲学史上和我国古代文化心理结构的形成上具有不可低估的作用。

墨子行侠甘洒热血

自强不息精神不仅在儒家一派得到充分肯定和运用，在墨家这里同样被发扬光大。墨家的创始人是墨子，叫墨翟，他以自己的方式，践行了儒家的自强不息精神。

如果说孔子以仁、智、勇"三达德"为核心教育弟子勇毅力行，孟子"善养吾浩然之气"，那么，墨子留给人们的，就是他勇毅力行，行侠仗义，为了苍生甘愿抛洒一腔热血的献身精神。

在孟子生活的春秋末战国初期，鲁国有一个著名的工程师叫鲁班，他不仅是一个工程师，也是一个发明家，发明了很多的机器。有一次鲁班发明了一种进攻性武器叫"云梯"。这个武器开到城墙下，就可以飞快地架到城墙上，可以进攻别人的城市。

鲁班就把这项发明的专利卖给了楚国，楚国获得了这项发明的专利以后，开始大量生产云梯，准备去攻打宋国。墨子听说楚将伐宋国的消息后，大吃一惊。无论战争的结局如何，对楚宋两国的百姓来说，尤其是对宋国的百姓来说都是一场大灾难。

于是，墨子一面安排大弟子禽滑厘带领 300 名精壮弟子，帮助宋国守城；一面亲自出马前往楚国，甘冒风险，劝阻这场战争。他急急忙忙，日夜兼程，鞋破脚烂，毫不在意，赶了十天十夜的路，终于到达楚的国都郢，去见鲁班，要阻止楚王用鲁班发明的新武器攻打宋国。

到郢都后，墨子先找到了鲁班。打算说服他停止制造攻击宋国的武器，让他引荐自己去见楚王。

鲁班见了墨子，心里有些发慌，就对墨子说："你来我这里有什么事？"

墨子说："我在北方有一个仇人，希望先生能够帮我去杀掉他。"鲁班听了很不高兴，却并不说话。

墨子又说："要不这样，我送你十金怎么样？"

鲁班说："我是讲道义的人，怎么能平白无故杀人呢？"

墨子听了他的话，对他拜了两拜，说："我听说你造了云梯，要拿去攻打宋国。宋国有什么罪呢？你自己刚才还说讲道义，我让你杀一个人你还不高兴，难道杀那么多人就是讲道义了吗？"

鲁班无话可说，只好道："有什么办法呢？我已经和楚王说过了呀！"

墨子就让鲁班带他去见楚王。到了皇宫，墨子对楚王说："有人不肯坐自己华丽的车子，却想去偷邻居的破车子；不穿自己的好衣裳，却想偷邻居的破衣服穿；不吃自己家的美味佳肴，却想偷吃邻居家的老咸菜。您说，这是个什么样的人呢？"

楚王说："那他一定是疯了，得了偷窃病了吧？"

墨子说："对呀，就是这样！楚国这么大，特产这么丰

富，宋国那么小，出产十分贫瘠，楚国与宋国相比，就好像我刚才说的华丽的车子比之于破车子，锦绣衣裳比之于粗布衣服，白米肥肉比之于糟糠。我认为大王攻打宋国，正和这个害偷窃病的人一样。"

楚王说："你说得很对，即便是这样，但是鲁班给我造好云梯了，我还是要打一下宋国的。"

墨子说："其实你们攻打宋国，却也不一定会获胜！"于是，墨子解下衣带当作城，用竹片当器械，和鲁班演练攻守战。

鲁班一次又一次地设下攻城的方法，墨子一次又一次地挡住了他。鲁班先后攻了9次，墨子守了9次，结果都是鲁班失败。

后来，鲁班要求与墨子交换，鲁班守城墨子来攻。结果不出3个来回，墨子就攻到了城内。

这下子，鲁班恼羞成怒，就对墨子说："我还有一种方法对付你，但我不告诉你！"其实鲁班的意思是叫楚王杀了墨子。

墨子听了只是一笑，看着鲁班道："我知道你想怎么对付我，但我也不告诉你！"

楚王问这是怎么回事，墨子说："鲁班的意思，只不过是想要你杀死我。以为杀了我，宋国就守不住了。但是我告诉你，我的大弟子禽滑厘已经带着我300个学生，拿着我发明的守城的器械，已然守在宋城之上严阵以待了。而且我的全部破敌之法禽滑厘已经烂熟于心，即使杀了我，你去了也是送死。"

楚王与鲁班知道墨子不是空手而来，后方早已布下阵势，准备得相当充分，终于意识到攻打宋国不是那么容易的事。于是楚王说道："好啦，我们不要攻打宋国了！"

这个故事，就是墨子典型的行侠仗义。为什么说他是行侠仗义呢？因为墨子救宋国不是宋国人请他去救的，甚至宋国压根儿就不知道墨子到楚国去救他们了。

墨子在回国的路上，路过宋国的时候，天上下着大雨，墨子走到城门口，想进去躲躲雨，结果宋国人不让他进去。可见墨子不是为了自己，他是为了天下的和平，为了实现他自己反战的主张，所以说墨子是一腔热血。

这个故事出自《墨子·非攻》，谴责了进攻的战争，也就是反对侵略战争，这是墨子思想的一个重要内容。

春秋战国时期，战争频仍，土地荒芜，死者遍野，民不聊生。墨子看到了战争的残酷性、欺骗性和掠夺性，体察到下层的民情，代表小生产者及广大百姓的利益，提出了"非攻"的主张。

墨子还分析了社会动乱的根源是不相爱，他断言：

> 诸侯之间相爱，就不会发生野战；家族宗主之间相爱，就不会发生掠夺；人与人之间相爱，就不会相互残害；君臣之间相爱，就会相互施惠、效忠；父子之间相爱，就会相互慈爱、孝敬；兄弟之间相爱，就会相互融洽、协调。

墨子提出的"兼爱"的伟大主张，体现了劳动人民质朴、纯真、善良的品性与愿望，是一种弥足珍贵地追求和谐社会的理想，在我国古代思想史上独树一帜。"兼爱"和"非攻"是一个问题的两个方面。"攻战"是"不相爱"最集中、最典型、也是最强烈的表现。

非攻并不等于非战，而是反对侵略战争，很注重自卫战争。自卫是反侵略的一个重要的组成部分，不自卫就会等于不反侵略；兼爱是大到国家之间要兼相爱交相利，小到人与人之间也要兼相爱交相利。而非攻则主要表现在国与国之间。只有兼爱才能做到非攻，也只有非攻才能保证兼爱。

为了避免战争，维护和平，墨子以"兼爱"为根据，提出了一个"七不"准则，即：

　　大不攻小也，强不侮弱也，众不贼寡也，诈不欺愚也，贵不傲贱也，富不骄贫也，壮不夺老也。

　　这"七不"准则可视为人类历史上最早提出的国与国之间的关系准则，这个准则，表明了墨子伸张人间正义，保障人类权益，主持社会公道，推进世界和平的伟大理想。

　　总之，墨子以大无畏的精神行侠仗义，甘洒一腔热血，以"赴汤蹈火，死不旋踵"的实际行动，充分地诠释了墨家弟子崇高的人格力量和反对侵略战争的坚强决心和行动。

12 岁做上卿的甘罗

　　甘罗，战国后期秦国人，12 岁时被秦王拜为上卿。

　　甘罗出生在战国后期的秦国，他年轻有为，12 岁时即被秦王拜为上卿，成为"一人之下，万人之上"的丞相。

　　公元前 234 年，秦王想联合燕国攻打赵国，于是下旨派张唐出使燕国，可是张唐借口有病，不肯前往。

　　60 岁左右的文信侯吕不韦知道此事后，亲自坐车去说服张唐。

　　张唐推辞说："我曾多次带兵攻打赵国，赵国人早已对我怀恨在心。这次如果去燕国，一定要经过赵国。所以，想来想去，只有请相国另请高明了。"

　　吕不韦再三劝说，张唐还是不肯答应。

　　吕不韦回到府里，独自坐在堂上烦闷。他有一位门客，名叫甘罗是秦国原来的左丞相甘茂的孙子，才 12 岁。甘罗见吕不韦心中不悦，便走向前问道：

"相国今天有什么心事吗？"

吕不韦正在气头上，便气呼呼地挥手道："小孩子家懂什么，跑来多嘴！你还得多学着点！"

甘罗不慌不忙地说："相国平时看重门下之士，就是因为门下之士能为您分忧解愁。现在您有心事却不愿让门下之士知道，门下之士即使想效忠，也使不出气力呀！"

吕不韦见甘罗说得有理，就把事情的经过原原本本地告诉了他。

甘罗听了，微微一笑："派张唐出使燕国，这有何难，相国为什么不早说呢？我可以去说服将军。"

吕不韦听了，又发起火来："走开，走开！我堂堂相国亲自去请，他都推三推四地不肯去，你一个小娃娃，有多大能耐，竟说此大话？"

甘罗不慌不忙地回答道："话不能这么说。当初项橐才7岁，就被孔子尊为老师。我现在已经12岁了，比项橐还大5岁呢。请让我去试一试，如果不能成功，您再斥责我也不迟呀。"吕不韦看到甘罗这样自信，就派他去张府说服张唐。

甘罗到了张府，直截了当地对张唐说："当初秦王派大将军白起去攻打赵国，白起推辞不去，最后被逼而死。今吕相国亲自来请你出使燕国，你推三推四地不肯去，依我看你的死期恐怕也不远了。"

张唐听了，毛骨悚然，面露惧色，马上向甘罗致谢：

"多谢您的提醒！"

张唐一面请甘罗代他向吕不韦谢罪，一面赶紧整理行装准备出使燕国。

张唐快要上路了，甘罗又去叩见吕不韦说："张将军虽然不愿意出使燕国，但途经赵国，的确也还存在障碍。请相国给我5辆马车，让我先到赵国，通报张将军要从赵国经过的事。"

吕不韦见甘罗考虑得如此周到，心里十分高兴，他立即带甘罗面见秦王嬴政。

秦王嬴政听了吕不韦的介绍，试探着问：

"甘罗，见了赵王你怎么说？"

甘罗胸有成竹地回答："这得看赵王是个什么样的人，必须见机行事，随机应变。"

"你这么小的年纪，到了赵国，能不能让赵王把你吓垮了？"秦王又微笑着问。

"我为什么要害怕呢？如果我是赵国的使臣，出使秦国，害怕还有可能，因为秦国比赵国要强大得多。可现在我将作为秦国的使臣，出使赵国，我又怕什么呢？"甘罗神情坦然地回答。

"嗯。"秦王微微点头，心中颇为高兴。

当即决定派甘罗为使者出使赵国。

赵王已经知道了秦、燕两国最近亲近往来的事，正在担心两国合力攻赵，忽然听到秦国使者来了，顿时喜出望外，亲自率领大臣到郊外迎接。

赵王见秦国使者只是一个5尺高的少年，可气度不凡，竟也不敢怠慢。赵王迎下甘罗，与之并肩而行。

甘罗问赵王："大王听说燕太子丹已经到秦国作人质了吗？"

赵王回答："听说了。"

"听说张将军要去燕国了吗？"

"也听说了。"

"燕太子丹到秦国作人质，说明燕国不欺骗秦国。燕、秦两国互不相欺，赵国就危险了。"

赵王听了，吓得脸色骤变，赶紧问："秦国、燕国亲近，到底是什么用意呢？"

甘罗说："秦国同燕国亲近，是想联合起来攻打赵国，扩大秦国在河间的地盘。与其被夺，大王还不如先割让 5 座城池给秦国，让秦国达到目的。我可以请求秦王，不派张唐出使燕国，断绝和燕国的关系，而和赵国友好。那样，赵国可以去攻打比自己弱小的燕国，而秦国又不去援助燕国，赵国得到的又何止是 5 座城池呢？"赵王听了十分高兴，马上把 5 座城池的地图交给了甘罗，让他带回交给秦王。

秦王决定不派张唐出使燕国，太子丹见形势有变，偷偷逃回燕国。赵国出兵进攻燕国，攻取燕国上谷郡 30 座城池，拿出 11 座城池献给了秦国。

秦国不费一兵一卒，先后得到了 16 座城池。秦王因为甘罗的特殊功勋，便封他为上卿，相当于丞相的官职。

杰出的科学家祖冲之

祖冲之很小的时候，正处于西晋末年这一战乱时期，由于故乡遭到战争的破坏，他家迁至江南。

祖冲之的祖父祖昌，曾在宋朝政府里担任过大匠卿，负责建筑工程，是掌握了一些科学技术知识的；同时，祖家历代对于天文历法都很有研究。因此祖冲之从小就有接触科学技术的机会。

祖冲之对于自然科学和文学、哲学都有广泛的兴趣，特别是对天文、数学和机械制造，更有强烈的爱好和深入的钻研。

祖冲之在青年时期，就有了博学多才的名声，并且被政府派到当时的一个学术研究机构去做研究工作。后来他又担任过一些地方上的官职。

祖冲之晚年的时候，南齐统治集团发生了内乱，政治腐败黑暗，人民生活非常痛苦。北魏乘机发大兵向南齐进攻。对于这种内忧外患重重逼迫的政治局面，祖冲之非常关心。

大约在 494 年至 498 年，祖冲之在担任长水校尉的官职时写了一篇《安边论》，建议政府开垦荒地，发展农业，增强国力，安定民生，巩固国防。但是由于连年战争，他的建议始终没有能够实现。过不多久，这位卓越的大科学家在 500 年的时候去世了。

祖冲之在生活中虽然饱受战乱之苦，但他仍然继续坚持学术研究，并且取得了很大的成就。他研究学术的态度非常严谨。他十分重视古人研究的成果，但又决不迷信，完全听从于古人。

一方面，他对于古代科学家刘歆、张衡、刘徽、刘洪等人的著述都做了深入的研究，充分吸取其中一切有用的东西；另一方面，他又敢于大胆怀疑前人在科学研究方面的结论，并通过实际观察和研究，加以修正补充，从而取得许多极有价值的科学成果。

祖冲之是历史上少有的博学多才的人物。他曾经重新造出了指南车、千里船、水碓磨等巧妙机械多种。此外，他精通音律，擅长下棋，还写有小说《述异记》。

祖冲之最大的贡献在天文和数学方面，是一位杰出的数学家和天文学家。

数学成就：在数学方面，祖冲之写的《缀术》一书，被收入著名的《算经十书》中，作为唐代国子监算学课本，可惜后来失传了。《隋书·律历志》留下一小段关于圆周率（π）的记载，祖冲之算出 π 的真值在 3.1415926 和 3.1415927 之间，相当于精确到小数第七位，简化成 3.1415926。"祖率"是当时世界上最先进的成就。祖冲之还给出 π 的两个分数形式，即约率 22/7 和密率 355/113，其中密率值比欧洲要早 1000 多年。祖冲之还和儿子祖暅一起圆满地利用"牟合方盖"，解决了球体积的计算问题，得到正确的球体积公式。

天文历法成就：祖冲之在天文历法方面的成就，大都包含在他所编制的《大明历》及为《大明历》所写的驳议中。在祖冲之之前，人们使用的历法是天文学家何承天编制的《元嘉历》。

祖冲之经过多年的观测和推算，发现《元嘉历》存在很大的差误。于是祖冲之着手编制新的历法，在 462 年，他编制成了《大明历》。而《大明历》在祖冲之生前始终没能采用，直至 510 年才正式颁布施行。

《大明历》的主要成就在于：区分了回归年和恒星年，首次把岁差引进历法，测得岁差为 45 年 11 月差一度；定一个回归年为 365.24281481 日，直至 1199 年南宋杨忠辅制统天历以前，它一直是最精确的数据。

采用 391 年置 144 闰的新闰周，比以往历法采用的 19 年置 7 闰的闰周更加精密；定交点月日数为 27.21223 日；得出木星每 84 年超辰一次的结论，即定木星公转周期为 11.858 年。

给出了更精确的五星会合周期，其中水星和木星的会合周期也接近现代的数值；提出了用圭表测量正午太阳影长以定冬至时刻的方法。

祖冲之在天文历法以及数学等方面的辉煌成就，充分表现了我国古代科学的高度发展水平。他编制的《大明历》标志着我国古代历法科学的一大进步，开辟了历法史的新纪元。

他求得圆周率 7 位精确小数值，打破以前的历史的纪录，是世界范围内数学领域的里程碑。祖冲之不仅是我国历史上杰出的科学家，而且在世界科学发展史上也有崇高的地位。

知之为知之

子曰："由^①，诲女^②知之乎？知之为知之，不知为不知，是知也。"

子张^③学干禄^④，子曰："多闻阙^⑤疑，慎言其余，则寡尤；多见阙殆，慎行其余，则寡悔。言寡尤^⑥，行寡悔，禄在其中矣。"

【注释】

①由：姓仲名由，字子路。生于公元前542年，孔子的学生，长期追随孔子。

②女：同汝，你。

③子张：姓颛孙名师，字子张，生于公元前503年，比孔子小48岁，孔子的学生。

④干禄：干，求的意思。禄，即古代官吏的俸禄。干禄就是求取官职。

⑤阙：缺。此处意为放置在一旁。

⑥寡尤：寡，少的意思。尤，过错。

【解释】

孔子说："由，我教给你怎样做的话，你明白了吗？知道的就是知道，不知道就是不知道，这就是智慧啊！"

子张要学谋取官职的办法，孔子说："要多听，有怀疑的地方先放在一旁不说，其余有把握的，也要谨慎地说出来，这样就可以少犯错误；要多看，有怀疑的地方先放在一旁不做，其余有把握的，也要谨慎地去做，就能减少后悔。说话少过失，做事少后悔，谋求官职的方法就在这里了。"

【故事】

韩非著书实现改革

战国末年，天命和鬼神思想盛行，诸侯争霸，民不聊生。思想家韩非以"人定胜天""世异事异"的观点做依据，上书韩王，推行改革。

韩非上书多次，韩王没有采纳。韩非想：只有以最有力的论点，最巧妙的办法把自己的主张宣传出去，理想才会实现。于是，他开始夜以继日地著书立说。

终于，他写出了《五蠹》《孤愤》《显学》《解老》《喻老》《定法》《问田》《难势》《难一》等20卷、55篇、10万言论著，综合了商鞅的"法"治，申不害的"术"治，慎到的"势"治，提出了一套以"法"为中心，"法、术、势"三结合的政治主张。

他的《五蠹》等文章传到秦王嬴政手里，秦王如获至宝。为得到韩非，秦王趁韩王派韩非出使秦国之机将其留下，这样，韩非的改革愿望才得以实现。

杰出的农学家贾思勰

贾思勰出身于地主家庭，与当时一般地主子弟和读书人不同的是，他十分注重生产事业，有着发展生产和富民强国的热切愿望。

贾思勰曾经做过高阳郡太守，郡治在今河北省高阳。在高阳太守任上，他下定决心一定要做一个"好官"。

他说："圣人不以自己的名位不高为可耻，只是忧虑人民的贫困，奖励生产就可以使人民摆脱穷困。"他关心人民生活，注意发展生产，同情人民的痛苦。除了奖励生产以外，他还亲身参加劳动。

那时候，在黄河流域居住着各族人民，人们在生产中相互学习，在耕种、畜牧、种植树木方面都积累了非常丰富的经验。贾思勰常跟农民谈论生产上的事情，虚心地向农民请教，尤其是注意向老农学习生产上的经验和知识。

他很看重这些经验，下决心要把这些经验总结起来，传播出去，以发展祖国的农业生产。于是，贾思勰就下定决心。最后，他终于写成《齐民要术》这一经典巨著。

贾思勰之所以把这部书叫作《齐民要术》，其实也反映了他忧虑人民贫困和奖励农业生产的一贯思想。"齐民"这个词，用现代语言翻译出来，就是"平民"或"人民"的意思；"要术"就是谋生的主要方法。"齐民要书"4个字合起来的意思，就是"人民群众谋生的主要方法"。

《齐民要术》中的每字每句都不是随便写下来的，而是有来历、有根据，经过实践检验过的。除了当时人的经验，比如西汉农学家氾胜之的《氾胜之书》，就是作为很重要的参考材料。这就是《齐民要术》所以成为我国农业科学发展史上不朽著作的原因。

《齐民要术》的内容十分丰富。全书 90 篇，分成 10 卷。不仅总结了当时以及以前汉族人民的生产知识和技术，也记录下了各兄弟民族宝贵的生产经验，以及各族人民间生产经验互相交流的情况。贾思勰在《齐民要术》里总结了我们祖先哪些重要的生产经验呢？

一是不误农时，因地种植。

农作物的栽培和管理，必须按照不同的季节、气候和不同的土壤特点来进行。这是贯穿在《齐民要术》中的一条根本原则。

贾思勰把最适宜的季节叫作"上时"，其次的叫作"中时"，不适宜的季节叫作"下时"，并且告诉大家不要错过适宜的栽培季节"上时"。他又指出，种植各种作物的土壤条件，也各不相同。

在《齐民要术》里，贾思勰还根据实际经验说明，同一种作物不仅在不同的土壤上使用种子的分量不能相同，并且同一农作物在上时、中时、下时下种，用种子的分量也有差别。这些原则都是科学的。

关于土壤条件对农作物的影响，贾思勰在《齐民要术》里有许多很有意义的记载。

他说："并州没有大蒜，都得向朝歌去取蒜种，但是种了一年以后，原来的大蒜变成了蒜瓣很小很小的蒜。并州芜菁的根，像碗口那么大，就是从别的地方取来种子，种下一年，也会变大。在并州，蒜瓣变小，芜菁的根变大，是土壤条件造成的结果。这说明栽种农作物必须注意自然条件。"

这就是说，植物的本性在不同的环境下是可以改变的。从这里，可见我们祖先早就从生产实践中知道了植物遗传和环境的关系，也知道除了要重视自然条件以外，还可以"驯化"农作物。

二是精耕细作，保墒抢墒。

贾思勰在《齐民要术》里说："地一定要耕得早，耕得早，一遍抵得上三遍；耕迟了，五遍抵不上一遍。"

他又说："耕地要深，行道要窄。因为如果行道耕得太宽了，就会耕得不均匀，深一处，浅一处；而且耕牛因为用力太多，也容易疲乏。耕完地以后，就要立即把土锄细和耙平，经过几次锄、耙，才好开始播种。当绿油油的谷苗长出田垄以后，还要反复地锄地。这不是为了把地里的杂草锄去，而是要使土壤松匀，土壤锄得越疏松均匀，农作物就越容易吸取土壤中的养分。"

另外，《齐民要术》里也记载了我们祖先的"冬灌"的经验。这就是把雪紧紧地耙在地里，或把雪积成大堆，推到栽下种子的坑里去，以防止大风把雪刮走，使地里有充足的水分。这样，春天长出来的庄稼就会特别旺盛。

《齐民要术》里还要大家注意抢墒。黄河流域在春末夏初播种的季节里雨量很少，经验告诉我们的祖先，必须趁雨播种。谷物的播种，最好是在下雨之后。如果雨小，不趁地湿下种，苗便得不到充足的水分，就不容易长得健壮。

但是，遇到雨大就不能这样做，因为雨太大，地太湿，杂草就会很快地长起来。同时，谷物也不适宜在过湿的土地上生长。这就要在地发白后再下种。

这样保墒保泽的经验，即使在今天来说，也是很宝贵的。

三是选择种子，浸种催芽。

如果不选种，不但庄稼长不好，种子还容易混杂。种子混杂了，就会给生产带来很多麻烦，不但出苗会迟早不齐，谷物成熟的时期也不一样。关于选种的方法，《齐民要术》里记载，不论是粟、黍，还是秫、粱，都要把长得好的、颜色十分纯洁的割下来，挂在通风干燥的地方。

留种地要耕作得特别精细，要多加肥料，要常常锄地，锄的遍数越多，结的籽粒就越饱满，才不会有空壳。种子收回来后，要先整理，并且要埋藏在地窖里，这才可以防止种子混杂的麻烦。

《齐民要术》里也记载着浸种和催芽的方法。在播种前 20 天，就应该用水淘洗种子，去掉浮在上面的粃子，晒干后再下种。也有让水稻浸到芽长两分，早稻浸种到芽刚刚吐出时再播种的。

四是合理施肥，轮作套作。

秋天的时候，要是耕种长着茅草的土地，最好让牛羊先去践踏，然后进行深翻。这样，草被踏死了，深翻后埋在地里可以做肥料。在没有茅草的地里，秋耕时也要把地里的杂草埋到地里去，第二年的春天草再长出来时，要再把它埋到地里去。这样，经过耕埋青草的土地，就像施了粪肥的土地一样肥沃，长出的庄稼就会又肥又壮。

另外，用过豆科作物做绿肥的地里，如果种上谷子，每亩可以收获很大的产量。《齐民要术》里也提到用围墙和城墙的土作为肥料的办法。直至现在，这些办法对我国农村的积肥造肥，也还是很有用处的。

《齐民要术》里还讨论了轮作和套种方法。有的农作物连栽不如轮作，麻连栽就容易发生病害，降低麻的品质。接着又讨论了哪一种作物的"底"最好是什么。什么是"底"呢？就是我们所说的"上茬"。

谷物的底最好是豆类，大豆的底最好是谷物，小豆的底最好是麦子，瓜的底最好是小豆，葱的底最好是绿豆。再如，葱里可以套种胡荽，麻里可以套种芜菁等。这种用轮作发挥地力和培养地力的方法，现在仍旧是值得我们重视的。

五是果树栽培，因树施法。

贾思勰说，果树的种类很多，有的耐寒，有的喜润湿，有的在冬天结实，有的要在风和日暖的时候才开花结果。

各种果树的特点既然各不相同，栽培的方法也不能一样，不能以适合一种果树的方法死搬硬套地应用到别的果树上去。例如李树用播种移栽的方法，最好是扦插；梨树则用嫁接的方法最为适宜等。

贾思勰根据农民的经验，提出了不同树种的栽培方法。以桃树为例，他说桃子熟的时候，连果肉一起埋到粪地里，至第二年春天再把它移到种植的地上去，这样的桃树成熟早，3年便可以结果，因此不必用插条来扦插。

要是不把种子放在粪地里，植株不会茂盛；如果就让桃树留在粪地里生长，果实不会大而且味苦。此外，贾思勰还很细致地总结了果树嫁接的方法，以及怎样注意防止果树遭受霜冻损害的方法。

六是选好种畜，精心饲养。

贾思勰在《齐民要术》里指出，畜养动物首先应该重视选种，要选择最好的母畜来做种畜，不能随随便便让不好的母畜繁殖后代。这说明我们的祖先很早就注意牲畜的遗传性。除此以外，《齐民要术》还很重视牲畜怀胎的环境，以及小牲畜出生后的环境对它们的影响。还告诉我们要注意对肉用牲畜的阉割和掐尾。

在牲畜的饲养法方面，贾思勰在《齐民要术》里总结了很多丰富的经验。以养马为例，贾思勰指出，马饿时可以喂比较坏的饲料，饱时再给好的，这样马可以吃得多，因而也可以肥壮。饲料要铡得细，过粗马吃了不会肥壮。

给马喂水也有一定的规则。早上马饮水要少，中午可以让马多饮一点，到了晚上，因为要过夜，要让它尽量饮水。每次饮水之后，要让马小跑一阵，出汗消水。《齐民要术》里也记载了几十个医治马病的方法。这都是我们祖先由实践中得出有效的方法。

七是农村副业，多种经营。

我们的祖先不仅在农业、林业和畜牧业方面取得了很大的成就，而且在农村副业方面也积累了丰富的经验。《齐民要术》里指出，养蚕的屋子里要温度适宜。屋里太冷蚕长得慢，太热就枯焦干燥。因此，养蚕的房屋，冬天四角都得生火炉，屋子的冷热这样才会均匀。

在喂蚕的时候要把窗户打开，蚕见到阳光吃桑叶就多，也就长得比较快。这时候用柘树叶养蚕也开始了。我们祖先也知道了柘丝质量很好，用其制作胡琴等乐器的弦，比一般的丝还强，发出来的声音非常响亮。

在《齐民要术》里记载的柘蚕取丝的方法，可能是我国关于这方面的最早的文字记载。

此外，《齐民要术》里还记载做染料的方法，使用"皂素"的经验，以及记载了酿酒、造醋、做酱、制豆豉等方法。

上面所介绍的，只是《齐民要术》内容的极少部分，但我们已经初步知道，早在 1400 多年前，我国农业科学已经达到很高的水平。

贾思勰的《齐民要术》是我国在 6 世纪的一部最完整的、最有系统的、内容最丰富的农学著作，也是世界农学史上最早的一部不朽的名著。书中闪烁着我们祖先的智慧的光辉和伟大的创造力，对以后的农业科学的发展有很大影响。

《齐民要术》以后，我国 4 种规模最大的农学著作，即元朝司农司编《农桑辑要》、王祯的《农书》、明朝徐光启的《农政全书》和清朝"敕修"的《授时通考》，没有一种不拿《齐民要术》作为范本的。就是规模比较小的许多农学著作，如陈敷的《农书》、鲁明善的《农桑衣食撮要》，也都受《齐民要术》的影响。

伟大的地理学家郦道元

郦道元生于仕官家庭，父亲郦范做过刺史、尚书郎、太守等职。郦道元从少年时代起就爱好游览，有志于地理学的研究。他跟随父亲在青州时候，就曾经和友人一起游遍山东。

郦道元喜欢游览祖国山川，尤其喜欢研究各地水文地理、自然风貌。他充分利用在各地做官的机会进行实地考察，足迹遍及今河北、河南、山东、山西、安徽、江苏等广大地区，调查当地的地理、历史和风土人情等，掌握了大量的第一手资料。

每到一个地方，他都要游览名胜古迹、山川河流，悉心勘察水流地势，并访问当地长者，了解古今水道的变迁情况及河流的渊源所在、流经地区等。同时，他还利用业余时间阅读了大量古代地理学著作，积累了丰富的地理学知识，为他的地理学研究和著述打下了基础。

郦道元通过把自己看到的地理现象同古代地理著作进行对照比较，发现其中很多地理情况随着时间的流逝发生了很大变化。

比如三国时代桑钦所著的地理学著作《水经》，此书虽然对大小河流的来龙去脉缺乏准确记载，但由于时代更替，城邑兴衰，有些河流改道，名称也变了，但书上却未加以补充和说明。而且记载相当简略，缺乏系统性，对水道的来龙去脉及流经地区的地理情况记载不够详细、具体。郦道元认为，如果不及时把地理现象的变迁记录下来，后人就更难以弄明白历史上的地理变化。所以，应该在对现有地理情况的考察的基础上，印证古籍，然后把经常变化的地理面貌尽量详细、准确地记载下来。

在这种思想指导下，郦道元决定利用自己掌握的丰富的第一手资料，在《水经》的基础上，亲自给《水经》作注。

事实上，郦道元一生的著述很多，除了《水经注》外，还有《本志》30篇及《七聘》等著作，但是，流传下来只有《水经注》。

作为一位杰出的地理学家，郦道元在《水经注》的序言中对前代的著名地理著作进行了许多点评。秦朝以前，我国已有许多地理类书籍，但当时国家不统一，生产力水平不发达，人们对地理的概念还比较模糊，这些作品中普遍存在的问题就是虚构，如《山海经》《穆天子传》《禹贡》等。

郦道元坚决反对"虚构地理学"，他在《水经注》序言中提出了自己的研究和工作方法，那就是重视野外考察的重要性。

《水经注》一书中记载了郦道元在野外考察中取得的大量成果，这表明他为了获得真实的地理信息，到过许多地方考察，足迹踏遍长城以南、秦岭以东的中原大地，积累了大量的实践经验和地理资料。

例如江南会稽郡的诸暨县，有五泄瀑布，景色壮丽，向来不为世人所知。郦道元在《水经注》里面首次记载了五泄飞瀑壮观的气势。从此，世人方知五泄的山水景观。

郦道元在实地调查中原地形的同时，又广泛收集南方的地理著作，进行对比研究，得出自己的结论。

郦道元为了写《水经注》，还阅读有关书籍，查阅了所有地图，研究了大量文物资料。据统计，他引用的文献多达480种，其中属于地理类的就有109种。经过长期艰苦的努力，郦道元终于写成名垂青史的著作《水经注》。

《水经注》名义上是注释《水经》，实际上是在《水经》基础上的再创作，其成果是空前的。全书共40卷，30多万字，记述了1252条河流，比原著增加了河流近千条，增加了文字 20 多倍。

书中还记述了各条河流的发源地与流向，各流域的自然地理和经济地理状况及火山、温泉、水利工程，还记述了历史遗迹、人物掌故、神话传说等，其内容比《水经》原著要丰富得多。

《水经注》在写作体例上，以水道为纲，详细记述各地的地理概况，开创了古代综合地理著作的一种新形式。

《水经注》涉及的范围十分广泛。从地域上讲，郦道元虽然生活在南北朝对峙时期，但是他并没有把眼光仅限于北魏所统治的一隅，而是抓住河流水道这一自然现象，对全国地理情况作了详细记载。不仅这样，书中还谈到了一些外国河流，说明作者对于国外地理也是注意的。

从内容上讲，书中不仅详述了每条河流的水文情况，而且把每条河流流域内的其他自然现象，如地质、地貌、地壤、气候、物产民俗、城邑兴衰、历史古迹以及神话传说等综合起来，作了全面描述。

《水经注》是 6 世纪前我国最全面、最系统的第一部完整记录华夏河流山川地貌的地理学巨著，对于研究我国古代历史和地理具有重要的参考价值。

《水经注》不仅是一部具有重大科学价值的地理巨著，而且也是一部颇具特色的山水游记。郦道元以饱满的热情，浑厚的文笔，精美的语言，形象生动地描述了祖国的壮丽山川，表现了他对祖国的热爱和赞美，具有较高的文学价值。

由于《水经注》在我国科学文化发展史上的巨大价值，历代许多学者专门对它进行研究，形成一门"郦学"。

在漫长的中世纪，西方世界正处在基督教会统治的黑暗时代，全欧洲在地理学界都找不出一位杰出的学者。东方的郦道元留下了不朽的地理巨著《水经注》40 卷，不仅开创了我国古代"写实地理学"的历史，而且在世界地理学发展史上也占有重要的地位。他不愧为中世纪最伟大的世界级地理学家。

杜甫以诗抒发爱国情

大唐盛世，让时人树立起强烈的民族自豪感和民族自信心，这是一种可贵的爱国情感。盛世爱国应该是很自然的事情，但如果衰世也能爱国，就更加值得歌颂，正所谓"疾风知劲草"。杜甫就是一个坚守节操，经得起考验的爱国诗人，在中华民族爱国思想史上树立了一座永放光芒的人格丰碑。

杜甫所处的时代，是唐帝国由盛而衰的一个急剧转变的时代，"安史之乱"是这一转变的关键。他一生的创作，紧密联系时代，抒发了忧国忧民的伟大情怀。

杜甫祖籍今湖北省襄阳，著名诗人杜审言之孙。也许是良好的遗传因子起了作用，7 岁的杜甫竟能写咏凤凰的小诗了。在度过了一段书斋生活后，为了开阔视野，认识人生，交结友朋，增长才识，杜甫于 20 岁时开始漫游吴越。

杜甫从洛阳出发，来到长江边，过金陵下姑苏，渡浙江，泛剡溪，寻禹穴，赏鉴湖，登天姥，遍览了长江流域的秀丽山川，名胜古迹。

抱有盛唐时期青年诗人所共有的浪漫情怀，读过了千卷书，行了万里路后，24 岁的杜甫心气高昂地来到洛阳考进士。孰料，竟落选了，这无异于给了他当头一棒，但是，具有坚强性格的杜甫，经受住了这次挫折。

第二年，杜甫又东游齐赵，过着"裘马轻狂"的生活，并在漫游中结识了李白、高适等大诗人。3 人情趣契合，一起登高怀古，访道寻幽，赋诗论文，结下了深厚的友谊。

杜甫在历时 10 年的漫游中，接触到了灿烂的文化遗产和壮丽的河山，扩大了视野和心胸。写下了"会当凌绝顶，一览众山小""何当击凡鸟，毛血洒平芜""短衣匹马随李广，看射猛虎终残年"等豪壮诗句。

杜甫在 35 岁的时候，再次来到长安，满怀希望而参加"制举"考试，却又落选了。不过这次是权相李林甫怕应考者揭露自己的劣迹，玩弄各种手法，使应试人全部落第，还以此标榜"野无遗贤"，遂使考试成为一场骗局，杜甫是这次骗局受害者之一。

这时，杜甫的生活日益穷困潦倒，急于在政治上寻求一条出路，以实现自己"致君尧舜上，再使风俗淳"的政治抱负。于是，他一再直接向皇帝献赋、上表，希望引起最高层的注意。然而，杜甫在当权者的冷遇下，困守长安长达 10 年。

生活磨砺了杜甫，也成全了杜甫，10 年困守的结果，使杜甫变成了一个忧国忧民的诗人。他逐渐打破了对盛世的幻想，"致君时已晚，怀古意空存"，预见到盛世下隐伏的危机。

就在这时，"安史之乱"爆发了。杜甫流亡颠沛，欲投奔唐肃宗皇帝，竟被叛军俘获，后机智地逃离长安，来到唐肃宗所在地凤翔。

"麻鞋见天子，衣袖露两肘。"杜甫的忠诚感动了皇上，因此被授予左拾遗之职。然而，杜甫在权力中心仅仅待了不到两年，便因言事触怒皇上，被放还探亲。

此后，杜甫的诗作更贴近时代。作于"安史之乱"中的诗作《春望》，真切地抒写了动乱给唐王朝造成的巨大破坏，表达了诗人爱国思家的深沉感情：

国破山河在，城春草木深，

感时花溅泪，恨别鸟惊心，

烽火连三月，家书抵万金，

白头搔更短，浑欲不胜簪。

"安史之乱"前后，杜甫像屈原那样将个人的命运与国家、人民的命运联系在一起，继承屈原"发愤以抒情"的创作精神，写出诸如抨击腐败的裙带政治的《丽人行》，描述百姓受兵役之苦的《兵车行》《三吏》《三别》，及反映民生疾苦的《哀江头》《北征》《羌村》等。

杜甫的这些诗，几乎反映了"安史之乱"的社会全貌，体现了一个忧国忧民的爱国诗人高度的社会责任心。这一系列具有高度的人民性和爱国精神的诗篇，使之达到了现实主义的创作高峰。

759 年，已经 48 岁的杜甫，到达长江上游的成都，开始他人生最后 10 年漂泊西南的生活。到达成都的第二年春天，杜甫在朋友资助下营建了草堂，生活总算暂时安定下来。在环境幽美静谧的新居，他经营药圃，栽种芋栗，与农民朋友为邻，互相往来。

杜甫在锦城定居之后，便拜谒武侯祠，写下一首《蜀相》诗："丞相祠堂何处寻，锦官城外柏森森，映阶碧草自春色，隔叶黄鹂空好音。三顾频烦天下计，两朝开济老臣心。出师未捷身先死，长使英雄泪满襟。"

杜甫，满怀对诸葛亮的崇敬，向武侯祠堂寻来。诗中"三顾频烦天下计，两朝开济老臣心"两句，概括了诸葛亮的一生，表达了诗人对诸葛亮的钦敬。想到此，诗人不禁老泪纵横了，诗人的一片诗心，全在此处凝结。

杜甫在成都留住了 5 年，由于生活安定和环境优美，写了许多动人，情致高远，吟咏巴蜀山水的诗。诗人围绕着草堂风光，写了一些精妙的绝句。

如"迟日江山丽，春风花草香"、"两个黄鹂鸣翠柳，一行白鹭上青天。窗含西岭千秋雪，门泊东吴万里船"等，表现了诗人对巴蜀大好河山的热爱。

这一时期，杜甫也并没有完全陶醉于山水吟咏之中。战争给人民带来的祸害，特别是精神上的痛苦，使他仍将笔触伸向了社会现实。

杜甫因自己的那间茅草房被秋风吹破，想到天下所有的处在饥寒交迫中的人们，写下了《茅屋为秋风所破歌》，诗作最后写道："安得广厦千万间，大庇天下寒士俱欢颜，风雨不动安如山。呜呼！何时眼前突兀见此屋，吾庐独破受冻死亦足！"

他宁愿"冻死"来换取天下穷苦人民的温暖，这是多么难能可贵的忧民之心！读之令人震撼不已，感喟不已。这正是杜甫伟大之所在，崇高之所在。

杜甫还有一首《登楼》诗，更能表达他爱国伤时的情怀："花近高楼伤客心，万方多难此登临。锦江春色来天地，玉垒浮云变古今。北极朝廷终不改，西山寇盗莫相侵。可怜后主还祠庙，日暮聊为梁甫吟。"

诗写登楼的所见所感，将锦江、玉垒的蜀川江山同古往今来的变迁、忧国忧民的心事熔为一炉，借史发感，充分体现了当时杜诗境界壮阔而又沉郁顿挫的艺术特色。

763 年正月，延续 7 年多的"安史之乱"，至此基本结束。这一振奋人心的消息传来，悲歌了一生的诗人写出了情绪欢快而感人的诗篇《闻官军收河南河北》："剑外忽传收蓟北，初闻涕泪满衣裳。却看妻子愁何在，漫卷诗书喜欲狂。白日放歌须纵酒，青春做伴好还乡。即从巴峡穿巫峡，便下襄阳向洛阳。"

此诗一气贯注，奔流直下。它的每一个音符里，都跳动着喜悦的感情。他欣喜若狂，正准备携全家离开蜀州时，因好友严武重来镇守四川，便打消了出蜀念头。后来严武病故，诗人便带着全家离开成都草堂乘舟东下，在岷江、长江漂泊。沿途都有吟咏长江的诗作。

在渝州至忠州的途中，杜甫写下了寓情于景的名作《旅夜书怀》："细草微风岸，危樯独夜舟。星垂平野阔，月涌大江流。名岂文章著，官应老病休。飘飘何所似？天地一沙鸥。"

风吹岸草，江中孤舟，星垂旷野，月涌江流，如同一幅浓郁的水墨画卷。"飘飘何所似？天地一沙鸥"，这正是诗人暮年漂泊的悲苦境况的真实写照。

途经四川云阳时，杜甫作有五律《长江》二首，其一写道："众水会涪万，瞿塘争一门。朝宗人共挹，盗贼尔谁尊？孤石隐如马，高萝垂饮猿。归心异波浪，何事即飞翻？"

其二写道："浩浩终不息，乃知东极临。众流归海意，万国奉君心。色借潇湘阔，声驱滟滪深。未辞添雾雨，接上过衣襟。"

这两首诗极力描写了长江瞿塘峡之险峻和波浪掀天的惊心动魄的场面，以及江流浩荡、百川归海的气势。触景生情，诗人那种爱国忧民和盼望国家统一的情感，也从诗里行间流露出来。

766年，杜甫到达夔州。白帝城和夔门就在这里。此地依山临江，气势雄伟。诗人在夔州朋友的帮助下，安居下来。"他乡阅迟暮，不敢废诗篇"。

他倾力作诗，将长江天府之国的壮丽山川、名胜古迹同自己蹉跎岁月的感慨结合起来，诗笔悠悠，诗作甚丰。

768年，杜甫漂泊至长江、汉水之间的湖北公安，作有《江汉》一诗："江汉思归客，乾坤一腐儒，片云天共远，永夜月同孤。落日心犹壮，秋风病欲苏。古来存老马，不必取长途。"此诗表现出一种烈士暮年、壮心不已的情怀。

770年，杜甫滞留潭州，以舟为家，于衰病愁苦、孤寂辛酸之中，写下了生平最后一首诗《风疾舟中伏枕书怀三十六韵奉呈湖南亲友》，他仍不忘于时局，其中写道：

公孙仍恃险，侯景未生擒。

书信中原阔，干戈北斗深。

杜甫就是这样一个人，为国家，为人民忧虑了一生，歌唱了一生，直至病倒在湘江中与他数载相依为命的破船上，才永远停止了歌唱，时年 59 岁。

范仲淹先天下而忧

范仲淹出生于北宋重镇真定府。他不满周岁即遭丧父，少时在山东长山醴泉寺苦读，年轻时赴河南商丘应天书院苦读 5 年。1015 年，27 岁的范仲淹考取进士，踏上仕途生涯，开始了他爱国爱民的一生。

1021 年，范仲淹任江苏泰州西溪盐仓监官。在西溪，他目睹民不聊生的局面，为解救当地万民不再继续遭受海潮之苦，范仲淹实地勘察调研后制订了修堤治水方案。这事原本同他这个管理盐仓的盐税官不搭界，可他为了国家和人民，甘愿揽事上身，把提案呈报顶头上司张纶。

此事立即招来众多非议。可张纶却是个明智有头脑的人，看了范仲淹的上书和方案，很欣赏这位敢言敢为的下属，力排众议，立即将范仲淹方案立项奏请朝廷，任命范仲淹为灾区中心兴化县令主持整个修堰工程。此项目得到朝廷批准。

1024 年秋，范仲淹奉旨率领通、楚、泰、海四州兵夫民工 4 万余众，打响了浩大的筑堤战役。范仲淹的好友滕宗谅当时也在泰州任官，奉命调任全力协助范仲淹工作。

工程进行至冬季，不幸之事降临，大雨大雪惊涛骇浪，堤垮人散，百余修堤者不幸遇难。

朝廷闻报，派转运使胡令仪实地调查。好在这个调查大员胡令仪也曾在海陵任过职，对海潮之患，百姓之苦深有了解，实地调查后全力支持范仲淹继续修堤，工程终于复工。

海堤工程正有序地行进，不幸之事再次降临，范仲淹母亲不幸病逝。范仲淹不得不按制离任守丧，修堤工程改由张纶继任。

范仲淹离任不离心，特致书张纶再表述修堤利害，念念不忘鼓气，关心工程工作。在张纶的全力支持下，海堤工程于 1028 年终于告成。

新的防海潮大堤阻止了潮水泛滥，使荒地重变良田。海陵兴化等地 2600余户逃荒居民纷纷返回，耕种生产，重整家园。灾区老百姓感恩戴德，为范仲淹立了生祠"范仲淹祠"，为张纶立"张侯祠"，还把这条重修的防海潮大堤取名为"范仲淹堤"。

老百姓最为本质直白，爱憎分明，谁最关心爱护他们，他们就为谁树碑立祠，更有兴化之民多有随从范姓，以明感念之心。"范仲淹堤"至今仍惠于民。

1033 年 7 月，范仲淹任国子监。其时江淮、京东遭灾，范仲淹奏请宋仁宗帝派员前往巡行救灾，宋仁宗无复。范仲淹又奏说"宫中半日不食当如何？今数路艰食，安可置而不恤？"

宋仁宗感到惭愧，遂命范仲淹出使安抚江淮。

范仲淹所到之处开仓赈济，免其赋税。他看到灾民在吃一种带苦味的乌味草充饥，就回京时带给宋仁宗，以乌味草请示六宫贵戚，以戒奢侈。又陈言"天之生物有时，而国家用之无度，天下安得不困"。其爱民慈民言之凿凿，心之切切。

1038 年 11 月，范仲淹知越州，到任后不久，越州户曹孙居中病故任上。孙居中位卑禄薄，任职清廉，家贫子幼，家人无力丧事。范仲淹以己俸百缗周济他，又为他雇一艘船，派一名可靠老吏护送孙妻幼子一家老小及灵柩回原籍。

在出发前，范仲淹考虑到一路关卡恐有纠缠盘剥，特地写了一首诗，署了自己的名字交给老吏，以告沿途关照。范仲淹诗意充满了对下级清廉官员的深切关爱和同情。

范仲淹出守陕西边事期间，一天与同僚宴饮楼上，闻有哀哭声，派人探问，方知贫苦之家为安葬死者无力购置棺木收敛之物而号哭，范仲淹即刻罢宴捐出自己俸钱为死者购买安葬之物。廉官吴遵路在西线战事有贡献，病逝在任上，范仲淹为其治丧并周济家人，对其幼子给予关爱。

范仲淹在抗敌西夏期间，面对敌强我弱的形势，反对盲目出击，大战杀伐。朝廷在三川口、好水川、定川寨这三大战役中，每战必损兵折将。面对如此生灵涂炭，范仲淹团结当地少数民族人民，军民共同抗战，采取守战、小战、持久战，并瓦解敌人之策，最终迫使西夏请和，使无数生灵免于战争。

他还曾冒着杀头之罪，致书西夏李元昊申明大义，信中恩威并举，晓之以理，动之以情。

事实证明，范仲淹以爱国爱民之心审时度势所实施的一系列具体作战方略，最终不得不为朝廷及边陲将帅们所钦服。他的保家卫国精神，终使敌国的人民为之倾倒，罢息干戈，促进了民族团结。

范仲淹一面军纪严明，赏罚分明；一面又十分关爱戍边士兵的甘苦，深得拥戴。范仲淹还首改宋兵制，战时守边，平时务农，试行兵农合一。

范仲淹守边抗敌有功，朝廷嘉奖他大量金银财物，范仲淹全部分赠守边将佐、士兵，安抚边境少数民族，馈赠羌酋首领，自己则分文不取。当时边疆军民共同唱颂范仲淹的歌谣。

仗要赢，生命要赢，尊严要赢，人心要赢，这个仗应该怎么打？

从范仲淹身上，让人们看到浑身写满的是"爱国""爱民""生命""正义""道德""友好""和平"。这便是范仲淹爱国爱民的精神。

西北战事，范仲淹堪为中流砥柱。战事稍安，朝廷即任命范仲淹为参知政事。随后，宋仁宗诏命范仲淹起草主持改革大政。于是，北宋历史上轰动一时的庆历新政就在范仲淹的领导下开始了。

范仲淹提出了 10 项改革主张，它们是：

明黜陟，即严明官吏升降制度；抑侥幸，即限制侥幸做官和升官的途径；精贡举，即严密贡举制度；择长官，即根据政绩奖励或罢免；均公田，即均衡官员的职田收入；厚农桑，即重视农桑等生产事业；修武备，即整治军备；推恩信，即广泛落实朝廷的惠政和信义；重命令，即要严肃对待和慎重发布朝廷号令；减徭役，及采取措施使人民不再为繁重的困扰而忧愁。

范仲淹的改革新政实施了短短几个月间，政治局面已焕然一新。然而，新政改革才行一年，范仲淹就遭到既得利益者的攻击，宋仁宗也产生了动摇。

改革告失败后，范仲淹被迫离京，再度戍边。

范仲淹心境坦然，眼下新政受阻，身心受到打击，国家和老百姓不能得到更大的实惠，那么，就尽自己家中所有为故乡的亲友尽一份心吧！范仲淹无论顺境逆境爱国爱民之心始终。

1049 年，范仲淹已年过花甲在杭州任职。其时他在杭州的子弟及友人见范仲淹身体日衰，劝他在洛阳治宅第，以为逸老之所。可范仲淹却一口拒绝，他说："一个人如果有道义之乐，可以舍生取义，更不会在乎居室？"

范仲淹非但不治私宅，还倾其全部官俸和奖金，在天平山祖居，扩建筑屋为"义宅"，并亲自命名"岁寒堂""松风阁"。这是古代历史上第一个多功能私家慈善机构，史称"范氏义庄"，简称"范义庄"。

范仲淹亲自制订了义庄制度 13 条，选取族中"长而贤者"主持管理。义庄制度中包括外姓人氏也在救助之例：乡里、外姻、亲戚凡贫不济者，即可到义庄求得一定的帮助。

范义庄自创立以来，范氏子孙世守，历两宋、元、明、清时期，前后长达 900 年。为中华历史上延续时间最长，规模最大，管理最周密，影响最广泛的私家慈善机构。

1052 年初，范仲淹自青州调任颍州，其时范仲淹身弱多病，力不能支。5 月 20 日，病逝于赴颍州途中的徐州，终年 64 岁。一代全才范仲淹与世长辞，宋仁宗闻听噩耗，嗟悼久之，辍朝一日，亲书"褒贤之碑"，谥"文正"。

消息传到范仲淹抗敌西夏之边疆，邠、庆两州少数民族同胞虽遇范仲淹恩泽相去已近 10 个年头，却仍悲痛欲绝。范仲淹爱少数民族人民由此可见一斑。

范仲淹以自己的言和行，塑造了伟大的人格，征服了朝廷的官心，诚服了天下的士心，赢得了四海的民心，这在中华历史上是绝无仅有的。

举直错诸枉

哀公^①问曰："何为则民服？"孔子对曰^②："举直错诸枉^③，则民服；举枉错诸直，则民不服。"

季康子^④问："使民敬、忠以劝，如之何？"子曰："临之以庄，则敬；孝慈，则忠；举善而教不能，则劝。"

【注释】

①哀公：姓姬名蒋，"哀"是其谥号，鲁国国君。

②对曰：《论语》中记载对国君及在上位者问话的回答都用"对曰"，以表示尊敬。

③举直错诸枉：举，选拔的意思。直，正直公平。错，同措，放置。枉，不正直。

④季康子：姓季孙名肥，"康"是他的谥号，鲁哀公时任正卿，是当时鲁国政治上最有权势的人。

【解释】

鲁哀公问："怎样才能使百姓服从呢？"孔子回答说："把正直无私的人提拔起来，把邪恶不正的人置于一旁，老百姓就会服从了；把邪恶不正的人提拔起来，把正直无私的人置于一旁，老百姓就不会服从统治了。"

季康子问道："要使老百姓对当政的人尊敬、尽忠而努力干活，该怎样去做呢？"

孔子说："你用庄重的态度对待老百姓，他们就会尊敬你；你对父母孝顺、对子弟慈祥，百姓就会尽忠于你；你选用善良的人，教育能力差的人，百姓就会互相勉励，加倍努力了。"

【故事】

刘邦任用贤能治国

汉高祖刘邦，是我国历史上杰出的政治家、战略家、指挥家。

有一天他正在军营中洗脚，军士传报营门外有儒生求见，刘邦不见；这位儒生不经同意，直闯营门，冲着刘邦的面说："你为什么这样轻视读书人？"

刘邦说："天下可以马上得之，要读书人干什么？"

这位读书人当即反问他："天下可以马上得之，天下也能马上治之吗？"刘邦听后，深受触动，立即和颜悦色，向这位读书人施礼道歉，并请他上座。

刘邦胜利之后，有一天问臣子："你们说，我为什么能打败项羽？"这些臣子只是说些拍马奉承的话。

刘邦听后摇头说："我所以能打败项羽，主要靠3位人才。出谋划策，我不如张良；制订典章法令，我不如萧何；带兵打仗，我不如韩信。此3人皆为人中豪杰，均能为我所用，这是我战胜项羽的主要原因，而项羽只有一个范增也不用，所以他注定要失败。"

功不可没的天文学家刘焯

刘焯非常聪明，在少年时代，先后跟从多位老师学习《诗经》《左传》《周礼》《仪礼》和《礼记》，就显现出极好的天资。但这些老师们的讲课水平根本不能满足他的求知欲望，每次未等学业结束就离开了。

后来，刘焯帮一位藏书家整理典籍，竟是一下埋头 10 年。渐渐地，刘焯变成了一个精神上的富人，并因深通儒家学说而远近闻名。

580 年，刘焯因有学名，进京参加了编纂国史、议定乐律和历法的工作。这期间，刘焯对《九章算术》《周髀算经》《七曜历书》等 10 多部涉及日月运行、山川地理的著作悉心研究，后来写出了《稽极》《历书》和《五经述议》天文名著。

当别人读到他的书中那些新颖的观点和独到的见解时，不计其数的儒者和年轻学生纷纷以他为偶像，不远千里前来当面求教。

当时有人评论刘焯说："几百年来，学识渊博、精通儒学的人，没有能够超过他的。"

582 年，《三体石经》从洛阳运至京师。《三体石经》建于三国时期，因碑文每字皆用古文、小篆和汉隶 3 种字体写刻，所以叫《三体石经》。因年代久远，文字多有磨损，难以辨认，朝廷召群儒考证。

论证期间，刘焯以自己的真知灼见，力挫诸儒，令所有人震惊。

谁知官场风云变幻莫测，就在论证《三体石经》后不久，38 岁的刘焯却因此而遭遇诽谤，罢官回乡。回到家乡后，刘焯曾再被召用，但又再被罢黜。

经历挫折之后，刘焯不再问政事，专心著述，先后写出《历书》《五经述议》等若干卷，广泛传播，名声大振。

据史书载："名儒后进，博学通儒，无能出其右者。"他的门生弟子很多，成名的也不少，其中衡水县的孔颖达和盖文达，就是他的得意门生，两人后来成为唐初的经学大师。

隋炀帝即位，刘焯被重新启用，任太学博士。刘焯精通天文学，他发现当时的历法多存谬误，多次建议修改。600年，他终于创制出了《皇极历》，在天文学研究领域达到了世界领先水平。

创立了"等间距二次内插法公式"：在《皇极历》中，刘焯首次考虑到太阳视运动的不均性，创立"等间距二次内插法公式"来计算日、月、五星的运行速度。推日行盈缩，黄道月道损益，日月食的多少及出现的地点和时间，这都比以前诸历精密。"定朔法""定气法"也是他的创见。

这些主张，直至1645年才被清朝颁行的《时宪历》采用，从而完成了我国历法上第五次也是最后一次大改革。

力主实测地球子午线：刘焯之所以力主实测地球子午线，源起是我国史书记载说，南北相距500千米的两个点，在夏至的正午分别立一根8尺长的测杆，它的影子相差一寸，即"千里影差一寸"说。

刘焯第一个对此谬论提出异议，但当时没被采取，直至后来，唐代张遂等于724年实现了刘焯的遗愿，并证实了刘焯立论的正确性。

较为精确地计算出岁差：所谓岁差，就是春分点逐渐西移的现象，即假定太阳视运动的出发点是春分点，一年后太阳并不能回到原来的春分点，而是差一小段距离。刘焯计算出了春分点每75年在黄道上西移一度。而此前晋代天文学家虞喜算出的是50年差1度，与实际的71年又8个月差1度相比，这个数值已经相当精确，在此后的唐、宋时期，大都沿用刘焯的数值。

由于刘焯所著历书与当时权威人士太史令张胄玄的天文、历数观点多有不同，因此，呕血而成的《皇极历》被排斥不得施行。

然而该书提供的天文历法在当时是最先进的，历史证实刘焯研究天文学已有相当高的水平。后来唐初的李淳风，依据《皇极历》造出《麟德历》被推为古代名历之一。

刘焯的创见和一些论断虽然在当时未被采纳，却在后世被接受，在他的研究基础上发展、改进。因而他对科学的贡献是不容磨灭的。

唐代杰出天文学家一行

一行少时聪敏，博览经史，尤精于天文、历象、阴阳五行之学。20岁时，他得到京都一位著名道人赠送的一本由西汉扬雄所著的《太玄经》，一行很快即通达其旨，并写出《太衍玄图》《义诀》各一卷，阐释晦涩难懂的《太玄经》。从此名声大振。

705年，武则天的侄子武三思听说一行的大名，为赢得"礼贤下士"的美名就有意拉拢他。一行不愿为之所用，又怕因此而遭到迫害，于是在21岁时弃俗，逃到河南嵩岳寺剃度出家，取法名为"一行"。武则天退位后，唐王朝多次召他回京，均被拒绝。

712年，唐玄宗命一行主持修编新历。从此，一行就开始专门从事天文历法的工作。

723年，为了测定星体位置的需要，一行与人研制成黄道游仪、"水运浑天仪"。

724年。一行根据修改旧历的需要，又组织领导了我国古代第一次天文大地测量，也是一次史无前例、世界罕见的全国天文大地测量工作。

725年，善无畏来长安弘教，一行帮助善无畏共同翻译《大日经》7卷等，并单独著有《大日经疏》20卷。《大日经疏》对我国密教学的研究产生很大的影响，在我国密教史上起了很大作用。

727年9月，一行卧病不起。10月8日在长安华严寺圆寂。唐玄宗痛悼，叹道："禅师舍朕！"追赐其谥号为"大慧禅师"，并亲自为大慧禅师撰写碑文。

作为杰出天文学家，一行在历法和天文方面取得了辉煌的成就。

在历法方面，一行编定了很有影响的《大衍历》。《大衍历》以刘焯的《皇极历》为基础，并进一步发展了《皇极历》。《大衍历》共分为7篇，即《步中朔术》《步发敛术》《步日躔术》《步月离术》《步轨漏术》《步交会术》和《步五星术》。

《大衍历》发展了前人岁差的概念，创造性地提出了计算食分的方法，发现了不等间距二次内插法公式、新的二次方程式求和公式，并将古代"齐同术"即通分法则运用于历法计算。

《大衍历》于729年颁布实行，并一直沿用达800年之久。经过验证，《大衍历》比当时已有的其他历法，如祖冲之的《大明历》、刘焯的《皇极历》、李淳风的《麟德历》等要精密、准确得多。

《大衍历》作为当时世界上较为先进的历法，相继传入日本、印度，并在这两国也沿用近百年，极大地影响了这两个国家的历法。

在天文方面，一行取得了很大成就。一行通过长期的天文观测发现了恒星移动的现象，进一步发现和认识了日、月、星辰的运动规律，废弃了沿用长达 800 多年的二十八宿距度数据，并在历史上第一次提出了月亮比太阳离地球近的科学论断。

一行还制成水运浑天仪、黄道游仪。当时有个率府兵曹参军梁令瓒设计了一个黄道游仪，并已经制成了该仪器的木头模型。在一行的支持和领导下，用铜铸造成此仪器。

这台仪器既可以用来测定每天太阳在天空中的位置，也可以用来测定月亮和星宿的位置。同年，一行和梁令瓒等人在继承张衡"水运浑象"理论的基础上又设计制造了"水运浑天仪"。

水运浑天仪上刻有二十八宿，注水激轮，每天一周，恰恰与天体周日视运动一致。水运浑天仪一半在水柜里，柜的上框。整个水运浑天仪既能演示日、月、星辰的视运动，又能自动报时。这是世界上最早的计时器，比外国自鸣钟的出现早了 600 多年。一行等人所创造的成就远远超过了张衡。

一行还首次用科学方法实测地球子午线，居世界领先地位。他组织了一批天文工作者利用这两台仪器进行天文观测，取得了一系列关于日、月、星辰运动的第一手资料。

他还组织人力在全国各地测量日影，实际上这就是对地球子午线的测定，这是一行在天文学上最重要的贡献。

一行还主持全国范围内的大规模天文大地测量。这项工作是为了使新历法《大衍历》能普遍适用于全国各地。

一行在全国选择了 12 个观测点，并派人实地观测，自己则在长安总体统筹指挥。其中负责在河南进行观测的南宫说等人所测得的数据最科学和有意义。

一行他们选择了经度相同、地势高低相似的 4 个地方进行设点观测，分别测量了当地的北极星高度，冬至、夏至和春分、秋分四时日影的长度，以及四地间的距离。

最后经一行统一计算，得出了北极高度差 1 度，南北两地相距 351 里 80 步，即现在的 129.2 千米的结论。这虽然与现在 1 度长 111.2 千米的测量值相比有较大误差，但这是世界上第一次用科学方法进行的子午线实测，在科学发展史上具有划时代的意义。

对于一行组织的子午线长度测量，著名科技史专家李约瑟的评价是："科学史上划时代的创举。"

一行在天文和历法上所取得的卓越成就在人类文明史上占有重要地位，而且他所重视的实际观测的科学方法，极大地促进了天文学的发展。在他之后，实际观测就成了历代天文学家从事学术研究时采用的基本方法，引导着学者们破解了一层层的天文奥秘。

明太祖知恩报乞丐

儒家知恩图报伦理思想经历了漫长的历史发展，传统伦理道德早已根植人心。至元末明初，即使当时正经历着翻天覆地的变化，但中华民族的有恩必报意识依然是那么的强烈。明太祖朱元璋就是一个知恩图报的典型例证。

那是在元代末年一个风雨交加的夜晚，一个秃头和尚跌跌撞撞地闯进了一座破庙，刚推开庙门，就一头栽在地上，晕了过去。庙里住着 4 个乞丐，正在煮汤喝，见到和尚晕倒过去，连忙将他抬到火堆边，用刚刚熬好的汤喂给他，好让他暖暖身子。

过了一会儿，和尚醒过来，见到旁边有吃的，不管三七二十一抢过汤锅就一顿猛吃，不一会就吃了个精光。

3 个小乞丐见状勃然大怒，叫嚷道："你这和尚太不懂事，我们辛苦要来的食物，你怎么能一个人都吃光？"说完就要揍他。

一个老乞丐连忙劝住大家："这个人正在生病，多吃点就多吃点吧，何况已经吃光了，即便揍他一顿又有什么用呢！"说完将和尚安顿在破庙的一个角落里休息。

和尚觉得刚才吃得很香，就问老乞丐说："请问，这是什么东西做的？怎么这么好吃？"

老乞丐笑着说："都是些剩菜剩饭，不过我们都叫它'珍珠翡翠白玉汤'。"

和尚心里记住这个名字，并问老乞丐姓名，说以后一定报答他。老乞丐连连摇头，却始终没有告诉和尚他的真实姓名。

第二天清晨，乞丐睡醒后突然发现那个和尚不见了，连带着那个汤锅也不见了踪影。大家都知道是那个和尚干的，纷纷咒骂不停，只有老乞丐不吱声。

许多年过去后，当年的和尚成了大明帝国开国皇帝，他就是明太祖朱元璋。

朱元璋出生于安徽凤阳，当年这里缺水，十年九荒，经济十分落后。在这个艰难的环境下，朱元璋出家做了和尚，后来又到处流浪乞讨。破庙里的故事就是在流浪期间发生的。

朱元璋最后投在郭子兴旗下。郭子兴见朱元璋状貌奇伟，异于常人，遂留置为亲信兵，屡次率兵出征，有攻必克。

1368 年初，朱元璋在应天称帝，他就是明太祖。这一天，明太祖忽然想起了落魄时吃过的那顿汤，就命人四处张贴皇榜，重金寻找会做"珍珠翡翠白玉汤"的人。

皇榜发出之后几个月，那 4 个乞丐偶然听到了这个消息，这才知道当今皇帝竟然是当年的落魄和尚，欢呼雀跃。他们想，当年怎么说也救过皇帝一命，这回要是能进京见到皇帝，一定能得到赏赐。

于是，3 个小乞丐就嚷着要进京，但老乞丐不但不想去，还处处阻拦不让他们去，神态渐渐有些疯癫，不是偷他们的铜钱，就是撕破他们的衣服，打破煮饭的锅碗。3个小乞丐气恼不过，狠狠揍了老乞丐一顿后，这才上京觐见皇帝。

明太祖热情地接见了小乞丐们，确认是当年破庙的乞丐后，高兴地赏赐他们每人一份厚礼，并追问老乞丐的下落。

3个小乞丐看着手里的金银，心里却记恨老乞丐阻挡他们获取荣华富贵的恶行，又担心老乞丐得到比他们更多的赏赐，就异口同声地说老乞丐病死了。

明太祖连连惋惜，下旨追封老乞丐为"天下第一义丐"，并要求3个小乞丐为群臣做一次"珍珠翡翠白玉汤"。

3个小乞丐拿出毕生所学，按照这么多年的一贯做法，用白菜帮子、烂菜叶子、馊米饭做成了那道让群臣闻名已久的"珍珠翡翠白玉汤"。

第二天，皇帝大宴群臣，主菜就是那道著名的"珍珠翡翠白玉汤"。谁知，大臣们非但不说好喝，几个侍郎竟然当庭呕吐不止。有的大臣身体原本虚弱，吃了这个汤，连连呕吐，竟然不省人事。

明太祖勃然大怒，痛斥小乞丐们冒名顶替，谋害大臣，最后以欺君之罪将3个小乞丐治了罪。

早已逃离破庙的老乞丐闻知此事，就上京要求面见圣上。几番周折，他终于见到了皇上。

明太祖对老乞丐说："怪我事务比较繁忙，竟没有早些找到您。现在好了，您可以享享福了！"说完，也请老乞丐做那道"珍珠翡翠白玉汤"。

老乞丐很聪明，他暗想：皇上其实已经对真的"珍珠翡翠白玉汤"不感兴趣，我不妨来个仿制品碰碰运气。因此，他便以鱼龙代珍珠，以红柿子切条代翡，以菠菜代翠，以豆腐加馅代白玉，并浇以鱼骨汤。

老乞丐将此菜献上之后，明太祖和群臣一吃，感觉味道好极了，明太祖更是感觉与当年给他吃的一样美味。

吃过了"珍珠翡翠白玉汤",朱元璋说:"皇榜上说得清楚,有会做珍珠翡翠白玉汤者,重重有赏。今天您做的'珍珠翡翠白玉汤'味道鲜美,我和众爱卿一致赞扬。那就赏你白银 5000 两,回去娶媳妇,买点地,好好过日子吧!"

老乞丐得了赏钱后,便告病回家了,并且把这道当今皇帝喜欢的菜传给了凤阳父老。

明成祖建寺报母恩

明太祖朱元璋不忘大恩报答乞丐,似乎也感染了他的儿子朱棣。朱棣是明代第三位皇帝,即明成祖,是朱元璋的第四子,他不忘母亲养育之恩,建寺纪念母亲。

南京曾经有一座非常雄伟漂亮的大报恩寺,据史料记载,它是由明成祖朱棣建造,建寺的目的是为了纪念他的母亲。

1399 年,朱棣登上帝位后,当时南京城内曾经谣言四起,有人说他篡位,也有人说他不是朱元璋的原配夫人马皇后所生,血缘不正统。

为了安定人心,证明自己出身正统,朱棣决定在南京建造大报恩寺以及琉璃塔,以感谢母亲马皇后的"养育之恩"。

然而,奇怪的是,寺庙建好后,其中的一座正殿却一直大门紧闭,里面供奉着什么谁也说不清。直至清军入关,明朝亡后,这座大殿的神秘面纱才被揭开。原来,大殿里供奉的不是马皇后,而是碽妃的牌位。

碽妃是朱元璋的一位妃子。据明代的史料记载,"碽妃,生成祖文皇帝",意思是说,碽妃才是明成祖朱棣的亲生母亲。

据说，碩妃生下朱棣后不久又再次怀孕，可惜怀胎不足 10 月便早产了。在现代人看来，早产是很平常的事情，但在当时妇女早产往往被视为不忠。朱元璋怀疑碩妃与他人通奸，于是处死了碩妃。

碩妃为朱元璋生了两个儿子以后便含冤死去。为了报答生母碩妃的生育之恩，朱棣特意修建了大报恩寺，但他在当时名义上说"为了感谢马皇后的养育之恩"，以制止人们的谣言。

工程于 1412 年开工，直至朱棣去世时还没有完工。工程竣工时，已是朱棣的孙子明宣宗朱瞻基在位时期。整个工程建造的时间长达 17 年，共耗银 248 万两。可见朱棣用心之诚。

朱棣为了修建大报恩寺的琉璃宝塔，从全国召集了大批的工匠在南京郊外的窑岗村一带，设立了 72 座官窑，烧造建塔所需的琉璃构件。

这些琉璃构件以陶土为胎，经过 1200 度的高温烧制后，在表面涂上金属含量不同的釉，然后再送入 800 度的低温窑中烧制，才能完成。

正是意识到琉璃烧造的难度，朱棣才下令让工匠每组构件都要烧制两份以上以备替换。琉璃构件均为陶质，上面施有黄、绿、赭等彩釉。因为釉层较厚，看上去流光溢彩，有着非常强烈的玻璃质感。这些光彩夺目的琉璃构件上还装饰着各种图案。

有的上面装饰有龙

举直错诸枉

纹,呈扇形,由两部分拼接而成。上面雕刻的是呈行走状态的四爪龙,它圆目长角,口衔莲花,背部长有鳍,花叶形的龙尾,显得强劲有力。

有的琉璃构件上是一个美丽的飞天造型。飞天,在我国古人眼中是能歌善舞的仙人。琉璃构件上的飞天人首蛇身,脸庞饱满,双手合十,在卷草纹的衬托下,显得庄严而圣洁。

有的琉璃构件上浮雕着一头白象。白象卷鼻长牙,身上背负着莲座,正缓缓前行,它的背后同样衬有卷草纹图案。有的琉璃构件上有一只飞羊,飞羊腹部长着一对翅膀,前蹄跃起,好像要腾空飞翔。这只飞羊是佛教中护法神的仆从和坐骑。

南京大报恩寺建成以后,寺内高近80米的琉璃塔均采用五彩琉璃砖作装饰,非常华丽,是当时南京的标志性建筑。

大报恩寺琉璃塔的塔座为五色莲台,塔体共有9层,外形为八边形,塔的每层、每面都有一个拱门,拱门用赤、橙、绿、白、青五色琉璃贴面,上面还装饰有飞天、雷神、狮子、白象和花卉等图案,造型十分华丽。

琉璃塔顶有黄金制成的宝顶,下面建有相轮和承盘。塔顶和每层飞檐下都悬挂风铃,每当清风袭来,风铃就会发出清脆的铃声。佛塔内还安置有146盏长明灯,这些油灯白天光亮耀日,夜晚如悬挂的火龙,数十里外都能看得见。

大报恩寺建成以后,成为当时江南地区的佛教中心。当时掌管全国佛教事务的机构僧录司就设在寺内。

南京大报恩寺在明清时期佛教界有着很高的地位,吸引着无数的信众前来膜拜。然而令人遗憾的是,1856年,也就是清代咸丰皇帝统治时期,大报恩寺和寺内的五彩琉璃塔毁于战火。

如今,我们只能通过这些精美的琉璃构件,来领略琉璃塔昔日的壮丽景象。但朱棣建寺报母恩的故事,在后世广泛流传。

宋濂一生坚守信义

除了明太祖朱元璋、明成祖朱棣不忘报恩外，明代儒生宋濂的坚守信义，同样值得大书特书。他是元末明初的著名学者，学识渊博，为人处世也非常讲信用。

宋濂从小时候起，就非常喜欢读书学习，钻研学问。但是他家里很贫穷，上不起学，连书都买不起，只好向有书的人借书读。宋濂学习十分刻苦，在学习条件相当困难的情况下，还是阅读了大量书籍。当他遇到好书的时候，爱不释手。可是书是借别人的，不能不还，于是他就夜以继日地把书抄写下来。

冬天，有时天气特别冷，外面滴水成冰，室内也非常冷，连砚台都结了冰，手指也冻得几乎拿不住笔了，但是他仍然坚持加紧抄书，抄完之后，及时把书还回去，从来没有耽误过还书的日期。

由于宋濂诚实守信用，不少人都信得过他，才肯把书借给他读。那些藏书多的人家，原本就对求学者支持，所以常常把书借给他读。

宋濂成年时，当地能读到的书，他几乎都读遍了。可是求学的要求更加迫切了，就常常到百里以外的地方去寻师求学。他手拿着经书向有道德有学问的前辈求教。

前辈道德高，名望大，门人学生挤满了他的房间，宋濂就站着陪侍在他左右，提出疑难，询问道理，低身侧耳向他请教；有时遭到他的训斥，表情更为恭敬，礼节更为周到，不敢再说一句话；等到他高兴时，就又向他请教。就这样，最终还是得到不少教益。

在求学过程中，有时还要背着行李，赶不回去，就随便找个地方住下来，忍饥挨冻也不灰心。

有一次，宋濂和一位名师约定上门求学，正好碰上下大雪的天气。上路之后，雪越下越大，路上的积雪几尺深，但他为了不失约，顾不得天降大雪，还是步行赶去了。宋濂背着书箱，拖着鞋子，行走在深山大谷之中，严冬寒风凛冽，大雪深达几尺，脚上的皮肤受冻裂开都不知道。到学舍后，四肢冻僵了不能动弹。

先生的仆人很热心，见这个书生为了求学受苦，很受感动，就用热水给他浇洗，用被子围盖在他身上，过了很久才暖和过来。

宋濂在外地学习，有时寄居在客店里，生活很艰苦，为了节省开支费用，一天只吃两顿饭，衣服穿得补了又补，很破旧。但他以求知为快乐，别的什么都不在意。就这样，宋濂数十年如一日地刻苦求学，终于取得了成就，被朝廷重用，就任江南儒学提举。

宋濂曾被明太祖朱元璋誉为"开国文臣之首"，他与高启、刘基并称为"明初诗文三大家"。开私家藏书风气者，首推宋濂。

宋濂庆幸自己得以置身于君子的行列中，承受着天子的恩宠荣耀，追随在公卿之后，每天陪侍着皇上，听候询问。因此，他在官场一直坚守"信义"两字，严于律己，从不说半点假话。

有一次，宋濂曾经与客人饮酒，明太祖暗中派人去侦探察看，以考察他的诚实度。第二天，问宋濂昨天饮酒没有，座中的来客是谁，饭菜是什么，宋濂都以实话回答。

明太祖笑着说："确实如此，你没有欺骗我。"

宋濂说："身为臣子，欺骗皇上，就犯了大逆。这绝不是为臣者该做的事情！"

明太祖曾经向宋濂问起大臣们的好坏，宋濂只举出那些好的大臣说说。明太祖问他原因，宋濂回答道："好的大臣和我交朋友，所以我了解他们；那些不好的，我不和他们交往，所以不会了解他们。"

宋濂的回答，有一说一，有二说二，这让明太祖十分满意。

有一次，主事茹太素上奏章1万多字。因行文太长，明太祖听说以后，便询问朝中的一些臣子。有人指着茹太素的奏章，说有的地方不合法制。

明太祖问宋濂，宋濂回答说："他只是对陛下尽忠罢了，陛下正广开言路，怎么能够重责他呢？"

不久，明太祖认真看了茹太素的奏章，觉得有值得采纳的内容。于是，又把朝臣都招来，斥责那些妄加评判的人。然后，口呼宋濂的字说："如果没有宋濂，我几乎错误地怪罪进谏的人。"

宋濂诚实做人做事，尽到了为臣之道，不仅受到明太祖的喜爱，也在同僚中树立了威信，更对明初的务实精神产生了积极的影响。

举直错诸枉

人而无信

或①谓孔子曰："子奚②不为政？"子曰："《书》③云：'孝乎惟孝，友于兄弟。'施④于有政，是亦为政，奚其为为政？"

子曰："人而无信⑤，不知其可也。大车无輗⑥，小车无軏⑦，其何以行之哉？"

【注释】

①或：有人。不定代词。

②奚：疑问词，相当于"为什么"。

③《书》：指《尚书》。

④施：施行。

⑤信：在《论语》书中，信的含义有两种：一是信任，即取得别人的信任，二是对人讲信用。

⑥輗：古代大车车辕前面横木上的木销子。大车指的是牛车。

⑦軏：古代小车车辕前面横木上的木销子。小车指马车。没有軏，车就不能走。

【解释】

有人对孔子说："你为什么不从事政治呢？"孔子回答说："《尚书》上说，'孝就是孝敬父母，友爱兄弟。'把这孝悌的道理在家里施行，也就是从事政治，又要怎样才能算是为政呢？"

孔子说："一个人不讲信用，是根本不可以的。就好像大车没有輗、小车没有軏一样，它靠什么行走呢？"

【故事】

锐意进取的秦汉文化

先秦自强不息、奋斗不已的顽强精神，在秦汉时期得以延续，这就是秦汉精神。它发扬光大了"天行健，君子以自强不息"的传统理念，以群体的方式，把自强不息的民族精神发挥到极致。

秦始皇统一天下后，没有贪图安逸享受，他依然雄心勃勃，东奔西跑，不停地出巡各地，以至于后来病死在出巡的途中。

据说，秦始皇出巡的动机很大一部分是因为有人告诉他"东南有天子气"。对于他来说，这就意味着另一个"天子"隐藏在世上，对秦帝国江山构成了威胁，他出巡就是要压住这一带的"天子气"。

当时的占星家说"天子气"盘踞在金陵之野。秦始皇东游至此，便动手整治金陵的地脉山形。他派人翻江倒海，造湖挖山。凡看起来有点气势的山峰统统削平。

有人对他说，一些稀世的美玉珍宝能抵挡王者之气。他就不惜代价去金陵附近埋下了许多珍宝，并将金陵改名为"秣陵"。

据说，后世的人曾经在金陵掘得一个铜匣，长 2.7 尺，匣盖是用琉璃制成的，上面装饰以云母。匣中装着白玉如意。手柄部位刻着螭虎文蝇及蝉等图案。这就是秦始皇当年埋下的东西。

据说秦始皇在出巡时得到这样一个消息，说是大禹的九鼎在泗水出现了。九鼎历来是权力和威望的代名词。这鼎是周显王时沉于江水之中的。秦始皇认为，鼎在此时出现，足以证明自己的德行不亚于三皇五帝。

公元前 219 年，秦始皇巡游至彭城，斋戒祭祀之后，派数千名潜水的人入泗水寻鼎。但是，找了许久也不见鼎的踪影。

这时有人说，九鼎乃神物，不愿见秦始皇，便藏了起来；还有人说，鼎确实在泗水出现过，并有人看见，有一根绳索将鼎系着，在水波中时隐时现。后来，有一条龙大约知道秦始皇要捞鼎，就咬断了系鼎的绳索，九鼎从此就不再出现了。

秦始皇没捞着鼎很是沮丧，辗转向南，来到了洞庭湖。在渡湘水时，遇上了大风，忽而狂涛汹涌，波浪冲天。秦始皇无法渡水，以为是神灵有意和自己过不去，便问左右道："这里敬的是什么神？"

随从的一位博士答道："听说是尧之女，名娥皇、女英，死于此地，封为湘水之神，今兴风作浪，大约是她们发泄幽怨的缘故吧！"

秦始皇本来就不高兴，不听则已，一听勃然大怒，下令发 3000 名刑徒来到洞庭湖畔的湘山，遍伐山上树木。又令放火烧山，使湘山不留一草一木。

其实，古往今来，湘神在人们心目中一直是善良忠贞的美好形象。湘神是帝尧的两个女儿，姐妹两人同时嫁给舜帝做妃子。

舜南巡死于苍梧之野，她们千里寻夫不遇，姐妹俩悲恸欲绝，泣泪成血，不久便忧患而死。她们的哭声感动了天地鬼神，泪水洒在竹子上，就留下了永生永世消失不了的斑痕，后世称之为"湘妃竹"。

后来，秦始皇学着做神仙，认定自己已有一定神功，便在君山的石壁上刻了几颗大印以封湘山，试图镇住湘神，使之永世不得兴风作浪。

时至今日，尚有两枚石刻的大印，保留在岳阳市君山面临洞庭湖的绝壁之上，印有篆体阴刻"永封"两字。石印各长 1.2 米，宽 0.8 米，字迹苍劲有力。

秦始皇这种不畏天命、敢于向神灵挑战的精神，正是雄伟的万里长城、阿房宫、十二金铜巨像、力士孟贲像的思想基础，也就是排列齐整、声威雄壮的秦陵俑马所要表现的精神。

秦陵俑马从整体上看，也许远不及后世那样精巧、细腻，而以拙重、粗犷为特色，然而正是这种"客观简朴性"，成了秦汉时期文化精神的象征。

这个雕塑的风格不是偶然的，它正是这一时期中华民族顽强的生命力，强烈的开拓，征服欲望的形象写照。它继承了远古以来，华夏民族所表现出来的注重人力，与自然抗争的崇高精神。

至汉代，汉高祖刘邦"大风起兮云飞扬"的豪迈、苍劲的诗句表明，汉代文化精神就是在秦代激越、高亢的基调里行进的。

汉代初期曾一度流行的所谓"黄老之学"，但这种主柔守雌的思想并非西汉王朝的真意，而是为了适应当时形势的权宜之计，"无为"是策略，为的是大有所为。普遍地尚武，也是积极进取精神的表现之一。

从汉武帝刘彻开始，羽翼丰满，国力强盛，于是便抗击匈奴、交通西域，创立了不朽业绩。秦汉时期的文化精神恰当地表现了征服自然，征服物质世界，开拓空间，占据空间的时代。

事实上，如果沿着秦汉文化精神中的阳刚之气追溯下去，就会发现早在远古神话里，就体现出了我们民族在早期的那种大气磅礴，与自然抗争以求生存的文化精神。如"精卫填海""女娲补天""夸父追日""愚公移山""后羿射日"，"共工怒触不周山"等就是最好的说明。

总之，秦汉时期的文化精神是积极进取、刚健有为的。这种精神也正是《周易》里"天行健，君子以自强不息"以及《荀子》里"制天命而用之"的思想在现实中的表现。

司马迁身残志坚著史书

秦汉时期以群体方式演绎自强不息的民族精神，不仅包括秦始皇、汉武帝这样的帝王，还包括像司马迁这样的意志坚定者。

司马迁是西汉时期伟大的史学家和文学家。为了完成被鲁迅称为"史家之绝唱，无韵之《离骚》"的《史记》，司马迁承受了常人所不能忍受的痛苦和折磨，而这一切的动力就是他心中的一个信念。

司马迁的少年时代是在家乡度过的，在自然环境里成长，对民间生活有一定体验。10岁时，他跟随当太史令的父亲司马谈到京都长安，开始诵读古文。

司马迁20岁开始漫游，几乎走遍全国各地，访问了一些逸闻旧事，收集了丰富的史料。38岁时，继承父业，被任为太史令。得尽读宫廷所藏图书、秘籍、档案及各种史料。

在主持历法修改工作的同时，司马迁开始动笔写《太史公书》，即后来所称的《史记》。然而，就在司马迁全身心地投入撰写《史记》的工作之时，却飞来横祸。

公元前99年，汉武帝派宠妃李夫人的哥哥、贰师将军李广利领兵讨伐匈奴，另派李广的孙子、别将李陵随从李广利押运辎重。李广带领步卒 5000 人出居延，孤军深入浚稽山，与单于遭遇。

匈奴以 8 万骑兵围攻李陵。经过 8 昼夜的战斗，李陵虽取得一定战果，但由于他得不到主力部队的后援，结果粮草断绝，孤军无援，不幸被俘。

李陵兵败的消息传到长安后，汉武帝本希望他能战死，后听说他却投了降，愤怒万分。满朝文武官员察言观色，趋炎附势，几天前还纷纷称赞李陵的英勇，现在却附和汉武帝，指责李陵的罪过。

汉武帝询问太史令司马迁的看法，司马迁一方面安慰汉武帝；一方面也痛恨那些见风使舵的大臣，尽力为李陵辩护。

他对汉武帝说："李陵只率领 5000 步兵，深入匈奴，孤军奋战，杀伤了许多敌人，立下了赫赫功劳。在救兵不至、粮草断绝、走投无路的情况下，仍然奋勇杀敌。就是古代名将也不过如此。李陵自己虽陷于失败之中，而他杀伤匈奴之多，也足以显赫于天下了。他之所以不死，而是投降了匈奴，一定是想寻找适当的机会再报答汉室。"

司马迁的意思似乎是李广利没有尽到他的责任。可这些话，不但没能救得了李陵，反而把自己也拖进了矛盾的漩涡。汉武帝认为，司马迁是在为李陵辩护，贬低劳师远征、战败而归的爱妃的哥哥李广利，于是下令将司马迁打入大牢。

司马迁在狱中反复不停地问自己："这是我的罪吗？这是我的罪吗？我一个做臣子的，就不能发表点意见？"因此，被关进监狱以后，面对酷吏，他始终不屈服，也不认罪，最后被汉武帝判了死刑。

据西汉时期的刑法，死刑有两种减免办法：一是拿50万钱赎罪；二是受"腐刑"。腐刑既残酷地摧残人体和精神，也极大地侮辱人格。

司马迁官小家贫，当然拿不出这么多钱赎罪。他当然不愿意忍受这样的刑罚，悲痛欲绝的他甚至想到了自杀。可后来他想到，人总有一死，但死"或重于泰山，或轻于鸿毛"，死的轻重意义是不同的。他想到了孔子、屈原、左丘明和孙膑等人，想到了他们所受的屈辱以及所取得的骄人成果。司马迁顿时觉得自己浑身充满了力气，他毅然选择了腐刑。

司马迁身受腐刑，百代伟人在奇耻大辱中诞生！他在监狱中度过非人的3年。受刑后，司马迁屈辱地活着，就是为了要把各种各样的人都写进《史记》。他把自己的耻辱磨砺成为深刻洞察力，审视历史浮沉，评论人物功过；他把自己非人的痛苦体验提炼成修为，从容于笔端，呈现于字里行间。于是，一部震烁古今的《史记》横空出世。

司马迁躯体残缺，却具有刚健的雄风，散发着强烈而又罕见的自由气息，是中华民族自强不息精神的典范。他用自己的屈辱和坚强，换来的是民族应有的尊严，为中华民族的史学和文学做了巨大贡献。

张骞冒险去西域

司马迁身残志坚著史书令人感动，张骞两次去西域则令人赞叹。张骞去西域，被史家誉为"凿空"，表明这是一次空前绝后的探险。张骞等人历尽千难万险而百折不挠，体现了中华民族勇毅进取的精神。

张骞为什么要去西域，而且还要冒那么大的风险呢？

公元前 139 年，西汉朝廷为遏制匈奴屡次犯边，拟联合大月氏夹击匈奴，汉武帝派张骞去西域。对于未知的路途与危险，连汉武帝也在怀疑张骞一行人能否回来。

张骞一行人从长安出发，经陇西向西行进，一路日晒雨淋，风吹雪打，环境险恶，困难重重，没有顽强的毅力和坚定的信念的人是无法坚持下来的。

正当张骞一行匆匆穿过河西走廊时，不幸碰上匈奴的骑兵队，全部被抓获。匈奴的右部诸王将立即把张骞等人押送到匈奴王庭，见当时的军臣单于。单于得知张骞要去大月氏后，他是无论如何也不容许汉使通过匈奴人地区，去进行这种活动的。于是，张骞一行被扣留和软禁起来。

匈奴单于为软化、拉拢张骞，打消其去大月氏的念头，进行了种种威逼利诱，还给张骞娶了匈奴的女子为妻，生了孩子。又把一家人分散开去放羊

牧马，严加管制。

匈奴单于的计谋均未达到目的。因为张骞始终没有忘记汉武帝所交给自己的神圣使命，没有动摇他去大月氏的意志和决心。张骞等人在匈奴一直留居了 10 年之久。

公元前 129 年，匈奴单于的监视渐渐有所松懈。一天，张骞趁匈奴人不备，果断地带领随从，逃出了匈奴王廷。

这种逃亡是十分危险和艰难的。幸运的是，在匈奴的 10 年留居，使张骞等人详细了解了通往西域的道路，并学会了匈奴人的语言，他们身穿匈奴服装，很难被匈奴人查获。因而他们较顺利地穿过了匈奴人的控制区。

张骞在留居匈奴期间，西域的形势已发生了变化。大月氏的敌人乌孙，在匈奴支持和唆使下，西攻大月氏。大月氏人被迫又从伊犁河流域，继续西迁，进入咸海附近的妫水地区，征服大夏，在新的土地上另建家园。

张骞大概了解到这一情况。他们经车师后没有向西北伊犁河流域进发，而是折向西南，进入焉耆，再溯塔里木河西行，过库车、疏勒等地，翻越葱岭，直达大宛。路上经过了艰难跋涉。

这是一次极为艰苦的行军。大戈壁滩上，飞沙走石，热浪滚滚；葱岭高如屋脊，冰雪皑皑，寒风刺骨。沿途人烟稀少，水源奇缺。加之匆匆出逃，物资准备又不足。

张骞一行，风餐露宿，备尝艰辛。干粮吃尽了，就靠善射的堂邑父射杀禽兽聊以充饥。不少随从或因饥渴倒毙途中，或葬身黄沙、冰窟，献出了生命。

张骞到大宛后，向大宛王说明了自己去大月氏的使命和沿途种种遭遇，希望大宛能派人相送，并表示今后如能返回长安，一定奏明汉皇，送他很多财物，重重酬谢。

大宛王早就想与朝廷往来，但苦于匈奴的中梗阻碍，未能实现。张骞的一席话，使他动心。于是满口答应了张骞的要求，热情款待后，派了向导和译员，将张骞等人送到康居。康居王又遣人将他们送至大月氏。

不料，这时的大月氏人，由于新的国土十分肥沃，物产丰富，并且距匈奴和乌孙很远，外敌寇扰的危险已大大减少，已经改变了态度。当张骞向他们提出建议时，他们已无意向匈奴复仇了。加之，他们又认为朝廷离大月氏太远，如果联合攻击匈奴，遇到危险恐难以相助。

张骞等人在大月氏逗留了一年多，但始终未能说服大月氏人与朝廷联盟，夹击匈奴。在此期间，张骞曾越过妫水南下，抵达大夏的蓝氏城。公元前128年，动身返国。

在归途中，张骞为避开匈奴控制区，改变了行军路线。计划通过青海羌人地区，以免匈奴人的阻留。于是重越葱岭后，他们不走来时沿塔里木盆地北部的"北道"，而改行沿塔里木盆地南部，循昆仑山北麓的"南道"。从莎车，经于阗、鄯善，进入羌人地区。

出乎意料的是，这时的羌人也已沦为匈奴的附庸，张骞等人再次被匈奴骑兵所俘，又扣留了一年多。

公元前126年初，军臣单于死了，其弟左谷蠡王伊稚斜自立为单于，进攻军臣单于的太子于单。于单失败逃汉王朝。张骞便趁匈奴内乱之机，带着堂邑父回到长安。

这是张骞第一次去西域，从公元前139年出发，至公元前126年归汉，共历13年。出发时是100多人，回来时仅剩下张骞和堂邑父两人。所付出的代价是何等高昂。

张骞第一次去西域，既是一次极为艰险的外交旅行，同时也是一次卓有成效的科学考察。张骞第一次对广阔的西域进行了实地调查研究工作。他不仅亲自访问了位处新疆的各小国和中亚的大宛、康居、大月氏和大夏诸地，而且从这些地方又初步了解到乌孙、奄蔡、安息、条支、身毒等地的许多情况。

回长安后，张骞将其见闻，向汉武帝作了详细报告，对葱岭东西、中亚、西亚，以至安息、印度诸国的位置、特产、人口、城市、兵力等，都作了说明。

这个报告的基本内容为司马迁在《史记·大宛传》中保存下来。这是我国和世界上对于这些地区第一次最翔实可靠的记载，至今仍是世界上研究上述地区和国家的古地理和历史的最珍贵的资料。

汉武帝对张骞这次去西域的成果，非常满意，特封张骞为太中大夫，授堂邑父为奉使君，以表彰他们的功绩。

张骞还向汉武帝报告了另外一个情况。张骞推断，大夏位居西南，距长安 1.2 万里，身毒在大夏东南数千里，从身毒到长安的距离不会比大夏到长安的距离远。而四川在长安西南，身毒有蜀的产物，这证明身毒离蜀不会太远。

张骞的推断，从大的方位来看是正确的，但距离远近的估计则与实际情况不合。当然，在近 2000 年前张骞达到这样的认识水平，也是难能可贵的。

张骞根据自己的推断，向汉武帝建议，派人南下，从蜀往西南行，另辟一条直通今四川宜宾和中亚诸国的路线，以避开通过羌人和匈奴地区的危险。

汉武帝基于沟通同大宛、康居、大月氏、印度和安息的直接交往，扩大自己的政治影响，彻底孤立匈奴的目的，欣然采纳了张骞的建议，并命张骞去犍为郡亲自主持其事。

公元前 122 年，张骞派出 4 支探索队伍，分别从四川的成都和宜宾出发，向青海南部、西藏东部和云南境内前进。他们最后的目的地都是身毒。

四路使者各行约一两千里，分别受阻于氐、榨和禹、昆明少数民族地区，未能继续前进，先后返回。张骞所领导的由西南探辟新路线的活动，虽没有取得预期的结果，但对西南的开发是有很大贡献的。

张骞派出的人，已深入滇越。汉使们了解到，在此以前，蜀的商人已经常带着货物去滇越贸易。同时还知道住在昆明一带的少数民族"无君长","善寇盗"。

由于昆明人的坚决阻挠，使得朝廷的使臣不得不停止前进。至公元前111年，汉王朝正式设置牂柯、越嶲、沈黎、汶山、武都等郡，以后又置益州、交趾等郡，基本上完成了对西南地区的开拓。

在张骞第一次到西域返回长安后，朝廷抗击匈奴侵扰的战争已进入了一个新的阶段。探险西南的前一年，张骞曾直接参加了对匈奴的战争。

从公元前127年至公元前119年，汉武帝派名将卫青、霍去病对匈奴进行了3次大规模的战争，收复河西地区，并设武威、酒泉、张掖、敦煌等郡。这些军事行动，保证了张骞第二次去西域。

公元前119年，汉王朝为断"匈奴右臂"联络乌孙抗击匈奴，汉武帝任张骞为中郎将，第二次去西域。张骞带300多人顺利来到乌孙，并派副使查看了康居、大宛、大月氏、大夏、安息、身毒等地。

张骞达到乌孙时，这里正在内乱，加之乌孙朝野素来畏惧匈奴，不敢与朝廷结盟。不过乌孙王答应与朝廷来往，并携带几十匹著名的乌孙马，于公元前115年抵达长安，先后历时4年。

同时，张骞派出的副使都圆满完成任务，和各地人员一同返回长安。朝廷与西域各地方政权的友好往来正式建立了。至公元前60年，朝廷在轮台设西域都护府，领有天山以南的地区，乌孙也归汉王朝管辖。至此，陆上丝绸之路的东段完全打通。

张骞历尽艰辛到达了西域，有利于人类进步和文化交流。以后，中外使者、商人，沿着张骞开通的友好道路，来往络绎不绝。

西域出产的葡萄、核桃、大蒜等传入汉地，汉族的农业生产、打井、炼铁技术传到西域；西域的音乐、舞蹈、绘画、杂技传入汉地，汉族的丝绸等产品走进西域。丰富了各国人民的精神和物质生活。

人而无信

张骞是我国古代乃至世界历史上杰出的探险家、旅行家和外交家。他两次通西域，长达 17 年，行程万里，沿途历尽艰险，备尝辛劳。

张骞艰险的西域之行，不仅促进了内地与新疆各族的友好关系，达到了孤立匈奴的目的，而且进一步沟通了西北陆上丝绸之路，促进了东西方经济文化的交流。

班超愤然投笔从戎

在张骞西域探险之后，东汉时期著名的军事家和外交家班超也曾到过西域。他投笔从戎后，以"三十六骑平西域"的杰出战绩，演绎了以夷制夷的时代旋律。

班超生于东汉时期扶风平陵，位于现在的陕西咸阳东北。班超从小就很有志向，不拘小节，而且品德很好，在家中每每从事辛勤劳苦的粗活，一点不感到难为情。

公元 62 年，班超的哥哥班固受朝廷征召前往担任校书郎，他便和母亲一起随从哥哥来到洛阳。由于家中贫寒，班超常常受官府所雇以抄书来谋生糊口，天长日久，非常辛苦。

有一次，班超停止工作，将笔扔置一旁叹息道："身为大丈夫，虽没有什么突出的计谋才略，总应该学学在国外建功立业的傅介子和张骞，以封侯晋爵，怎么能够老是干这笔墨营生呢？"

周围的同事们听了这话都笑他。班超便说道："凡夫俗子又怎能理解志士仁人的襟怀呢？"

有一次，汉明帝问起班固："你弟弟现在在哪里？"

班固回答说："在帮官府抄书，以此所得来供养老母。"

于是汉明帝任命班超为兰台令史，后来因犯了过失而被免官。

公元 63 年，奉车都尉窦固带兵去与匈奴作战，任命班超为司马副官，让他率领一支军队去攻打伊吾。双方交战于蒲类海，班超取得了显著战果凯旋。窦固认为他很有才干，便派遣他随幕僚郭恂一起去西域。

班超到了鄯善，鄯善王接待他们礼节非常恭敬周到，但不久突然变得疏忽怠慢起来。

班超对他的随从人员说："你们难道没觉察鄯善王的态度变得淡漠了吗？这一定是北匈奴有使者来到这里，使他犹豫不决，不知道该服从谁好的缘故。头脑清醒的人能够预见到还未发生的事情，何况现在已明摆着呢！"

于是班超找来一个服侍汉使的鄯善人，骗他说："我知道北匈奴的使者来了好些天了，现在住在哪里？"

这侍者慌张害怕，就将实情全都说了。班超便关押了这个侍从，将一起出使的 36 个人全部召集起来，与大家一同喝酒。

等喝到非常痛快的时候，班超顺势用话煽动他们说："你们诸位与我都身处边地异域，要想通过立功来求得富贵荣华。但现在北匈奴的使者来了才几天，鄯善王对我们便不以礼相待了。如果一旦鄯善王把我们缚送到北匈奴去，我们不都成了豺狼口中的食物了吗？你们看这怎么办呢？"

大家都齐声说道："我们现在已处于危亡的境地，是生是死，就由你决定吧！"

班超便说："不入虎穴，焉得虎子。现在的办法，只有趁今晚用火进攻匈奴使者了，他们不知我们究竟有多少人，一定会感到很害怕，我们正好可趁机消灭他们。只要消灭了他们，鄯善王就会吓破肝胆，我们大功就告成了。"

众人提议道："应当和郭恂商量一下。"

班超激动地说："是凶是吉，在于今日一举。郭恂是个平庸的文官，他听到这事必定会因为害怕而暴露我们的行动计划，我们便会白白送死而落下不好的名声，这就称不上是壮士了。"大家一致同意。

天一黑，班超就带领兵士奔袭北匈奴使者的住地。当晚正好刮起大风，班超吩咐 10 个人拿了军鼓，隐藏在屋子后面。相约一见大火烧起，就立刻擂鼓呐喊，其余人都带上刀剑弓箭，埋伏在门的两旁。

班超亲自顺风点火，前后左右的人便一起擂鼓呼喊。匈奴人一片惊慌。班超亲手击杀了 3 人，部下也斩得北匈奴使者及随从人员 30 多人，还有 100 多人被消灭。

第二天一早，班超才回去告诉了幕僚郭恂。郭恂一听大惊失色，但一会儿脸色又转变了，班超看透了他的心思，举手对他说："你虽未一起行动，但我班超又怎么忍心独占这份功劳呢？"郭恂这才高兴起来。

接着，班超就把鄯善王请来，将消灭北匈奴使者的事情给他看，鄯善上下震恐。班超趁势对鄯善王晓之以理，又安抚宽慰了他一番，于是接受鄯善王的儿子作为人质。

班超回去向窦固汇报，窦固十分高兴，上书朝廷详细报告班超的功劳，并请求另行选派人员到西域。

汉明帝很赞赏班超的胆识，就下达指令给窦固："像班超这样得力的大臣，为什么不派遣他，而要另选别人呢？可以提拔班超做军司马，让他继续完成出使的任务。"

班超再次接受了使命，窦固想叫他多带些人马，他说道："我只要带领原来跟从我的30余人就足够了，如果发生意外，人多了反而更增加累赘。"

当时，于阗王广德刚刚打败了莎车，于是声威大震，雄霸南道，而北匈奴又派了人来监护他。

班超西行，首先到达于阗，广德王态度礼节十分冷淡，而且这个国家的风俗很迷信神巫。神巫散布说："天神发怒了，你们为什么想去归顺朝廷？汉使有一匹嘴黑毛黄的好马，你们赶快把它弄来给我祭祀天神！"

于阗王广德听了就差人向班超索取那匹骠马。班超暗中已得知这一阴谋，但仍满口答应献出此马，只不过提出要让神巫亲自来索取才行。

不一会儿神巫来到，班超立即砍下他的脑袋，亲自去送给于阗王广德，并就此事责备他。

广德早就听说班超在鄯善诛灭匈奴使者的事，因而非常不安，便下令攻杀北匈奴使者而归降班超。班超重重赐赏了广德及其臣下，于阗就这样安抚镇定了。

汉明帝去世后，焉耆借东汉国丧机会，攻陷西域都护陈睦的驻地。班超孤立无援，而龟兹、姑墨两地又屡发兵攻打疏勒。班超固守盘橐城，与疏勒王忠互为首尾，但兵少势单，一直坚守了一年多。

汉章帝当时刚刚登基，考虑到陈睦全军覆没，恐怕班超势孤力单，难以立足下去，就下诏召回班超。

班超出发回来时，疏勒上下都感到担心害怕，一个名叫黎弇的都尉说道：

人而无信

"你若离开我们，我们必定会再次被龟兹灭亡。我实在不忍心看到你离去。"说罢就拔刀自杀了。

班超回来途中来到于阗，于阗王以下的人全都悲号痛哭说："我们依靠朝廷，就好比小孩依靠父母一样，你们千万不能回去。"而且还紧紧抱住班超坐马的脚，使马无法前行。

班超看到于阗人民坚决不让他回去，又想实现自己最初的壮志，于是改变主意返回疏勒。

疏勒中有两座城池，自从班超离去后又重新投降了龟兹，而与尉头联兵叛汉。班超捕杀了叛降者，又击破尉头，攻杀 600 余人，疏勒重新安定下来。

后来，班超率领疏勒、康居、于阗和拘弥等四方军队 1 万多人，攻占了姑墨的石城，杀敌 700 余人。班超想要就此平定西域各地，于是上奏朝廷，请求派兵。

奏章上达以后，汉章帝觉得这事情可以成功，就商议要派兵支援班超。平陵人徐干一向与班超志同道合，他上书给皇上，自告奋勇前去帮助班超。汉章帝就封徐干为假司马，让他率领减刑的罪犯和自愿出塞的兵士 1000 人赶赴班超驻地。

开始时，莎车以为汉兵不会到来，便投降了龟兹，而疏勒的都尉番辰也因此反叛，正好这时徐干率军赶到，班超就与他一起先打击番辰，大获全胜后活捉了很多俘虏。

班超攻破番辰之后，想乘胜进攻龟兹，但考虑到乌孙兵力强大，理应借助他的力量，于是又上书朝廷，建议派遣人去招抚慰问，以使乌孙能与朝廷同心协力，攻打龟兹。

汉章帝采纳了这个建议，晋升班超为将兵长史，并破格使用鼓吹幢麾，又晋升徐干为军司马。另外派遣卫侯李邑护送乌孙人回去，携带赠送给大小乌孙王及其部属的许多礼物。随后又派遣假司马和恭等人率领 800 名兵士前去协助班超。

班超发动疏勒、于阗兵攻打莎车王。莎车王暗地里派人串通疏勒王忠，以重利诱惑他，疏勒王忠便决定反叛，勾结莎车王西逃，固守乌即城。

班超于是另立疏勒王室的府丞成大为疏勒王，将不愿谋反的人全部调动起来攻打反叛王忠。双方相持了半年，因为康居王派精兵援救，班超难以攻取乌即城。

这时，月氏王与康居王联姻不久，关系很亲密，班超就派人赠送很多金银锦帛给月氏王，让他劝止康居王。康居王便撤了兵，还生俘了王忠，把他押回疏勒，乌即城便只好向班超投降。

后来，王忠去游说康居王，向他借兵回家，占领了损中，并暗中与龟兹勾结，派人向班超假投降。班超心里知道他们的阴谋，但表面上假装答应接受投降。王忠一听大喜，马上带领轻骑来见班超。

班超暗中埋伏下军队等候着，设下营帐，奏乐接待。酒过一巡之后，就高声喝令部下将王忠捆起来斩首，并就势击溃王忠的随从，歼敌700余人。西域南道就此畅通无阻。随后，班超征发了于阗等地的军队2.5万人，再次攻打莎车，但龟兹王派左将军纠合了温宿、姑墨、尉头等地5万军队去援救莎车王。

班超召集了将校和于阗王商议道："眼下我们寡不敌众，唯一的办法不如表面上各自散去，于阗军从这里向东而去，我军就从这里向西运动，可以等到昏黑鼓响后分头出发。"

如此安排过后，班超又暗中放松对俘虏的看管，以麻痹他们。龟兹王打探到汉军动向十分高兴，亲自率领1万骑兵赶到西边去拦截班超，另叫温宿王带领8000骑兵赶到东边去狙击于阗军。

班超得悉两支敌军已经分兵而出，便秘密地把各部兵力召集拢来，在鸡叫时分飞驰奔袭莎车军营。莎车军一片惊乱，四方奔逃，班超追击歼敌多人，缴获了大量的牲畜财物，莎车王于是只有投降。龟兹等地只好各自撤退。从此，班超威震西域。

班超少年时就有投笔从戎之志，后来去西域，用智用勇，以三十六骑创造奇迹，进而运用以夷制夷策略，为平定西域，促进民族融合做出了巨大贡献。

马援的誓言万丈豪气

秦汉时期继承的自强不息的民族精神，催发当时的人们昂扬上进。这在东汉王朝开国功臣马援身上也有鲜明的体现。马援在刘秀天下统一之后，虽已年迈，但其"老当益壮"、"马革裹尸"的气概甚得后人崇敬。

马援生于汉代扶风茂陵，就是现在的陕西兴平市窦马村。他12岁时跟人学习诗文，但其心不在章句上，学不下去。后来，他向长兄马况告辞，要到边郡去种田放牧。长兄很开明，赞同他的意向。

可没等马援动身，长兄去世，马援留在家中，为哥哥守孝一年。一年中，他没有离开过马况的墓地，对守寡的嫂嫂非常敬重，不整肃衣冠，从来不踏进家门。

马援在边郡时，种田放牧，能够因地制宜，多有良法，因而收获颇丰。当时，共有马、牛、羊几千，谷物数万斛。时日一久，不断有人从四方赶来依附他。于是他手下就有了几百户人家，他带着这些人游牧于陇汉之间。

马援过的虽是转徙不定的游牧生活，但胸中之志并未稍减。他常常对宾客们说道：

丈夫立志，穷当益坚，老当益壮。

他把所有的财产都分给兄弟朋友，自己则只穿着羊裘皮裤，过着清贫的生活。

西汉末期，四方兵起，马援投身军旅生涯。光武帝刘秀即位后，马援借送信之机见到光武帝。光武帝赏其胆识，认为他与众不同。不久，光武帝南巡，让马援随行。南巡归来，又任命马援为待诏，日备顾问。

公元 32 年，光武帝自统军讨伐起兵拒汉的西州将军隗嚣，马援献计说："隗嚣的将领已有分崩离析之势，如果乘机进攻，定获全胜。"

马援命人取些米来，当下在光武帝面前用米堆成山谷沟壑等地形地物，然后指点山川形势，标示各路部队进退往来的道路，其中曲折深隐，无不毕现，对战局的分析也透彻明白。

光武帝特别高兴，说"虏在吾目中矣"。

遂快速进军，直进高平第一城。最后消灭了隗嚣军主力。马援"堆米为山"是此战取胜的重要原因，这在战争史上也是一个创举，具有重要的意义。

公元 33 年，马援被任命为太中大夫，统领诸军驻守长安。由于塞外羌族不断侵扰边境，不少羌族更趁中原混乱之际入居塞内。名将、战略家来歙就此事上书，说陇西屡有侵扰祸害，除马援外，无人能平。公元 35 年夏天，光武帝任命马援为陇西郡郡守。

马援一上任，便整顿兵马，派步骑 3000 人出征。先在临洮击败先零羌，斩首数百人，获马牛羊 1 万多。守塞羌人 8000 多，望风归降。

当时，羌族各个部落还有几万人在浩亹，即今大通河一带占据要隘进行抵抗，马援率兵进击，羌人将其家小和粮草辎重聚集起来在允吾谷阻挡汉军。马援率部暗中抄小路袭击羌人营地，羌人见汉军突如其来，大惊，远远地逃入唐翼谷中。

马援挥师追击，羌人率精兵聚集北山坚守。马援对山摆开阵势佯攻，吸引敌人，另派几百名骑兵绕到羌人背后，乘夜放火，并击鼓呐喊。羌人不知有多少汉军袭来，纷纷溃逃。马援大获全胜，但因为兵少，没有穷追敌人，只把羌人的粮谷和牲畜等财物收为汉军所有。

此战，马援身先士卒，飞箭将其腿肚子都射穿了。光武帝得知后，立即派人前往慰问，并赐给他牛羊数千。马援像往常一样，又把这些都分给了部下。战后，马援建议朝廷把从金城迁来的客民全都放回。放回的客民一共有 3000 多人，他们各自都返回了原籍。

马援又奏明朝廷，为他们安排官吏，修治城郭，建造工事，开导水利。鼓励人们发展农牧业生产，郡中百姓从此安居乐业。马援还派羌族豪强杨封说服塞外羌人，让他们与塞内羌族结好，共同开发边疆。

公元 37 年，参狼羌与塞外各部联合，杀死官吏，发动叛乱。马援率 4000 人前去征剿。部队行至氐道县境，发现羌人占据了山头。

马援命令部队选择适宜地方驻扎，断绝了羌人的水源，控制了草地，以逸待劳，不许出战。

羌人水草乏绝，陷入困境，首领们带领几十万户逃往塞外，剩下的 1 万多人也全部投降。从此，陇右清静安宁。

马援在陇西太守任上一共 6 年。由于他恩威并施，使得陇西兵戈渐稀，人们也逐渐过上了和平安定的生活。

马援治郡，务开恩信，宽以待下。他要求官吏务尽职守，自己从不过多干预，只是顾全大局而已。他家里总是宾客盈门，旧交满座。

马援回到朝廷后，屡次被接见。他须发明丽，眉目如画，善于应对，尤其善于叙述前代故事。在他口中，三辅长者、闾里少年，均有可观可听之处。皇太子、诸王听马援讲故事，从不感到厌倦。马援还善言军事，凡是马援提的建议，光武帝都予采纳。

东汉初年，交趾地区的征侧和征贰起兵反汉。征侧在麊泠自立为王，公开与东汉朝廷决裂。光武帝任命马援为伏波将军，此后，世人皆称马援为"马伏波"。

马援统军沿海开进，遇山开路，长驱直入千余里，到达浪泊，与敌大战，攻破其军。汉军乘胜进击，在禁溪一带数败征侧，敌众四散奔逃。最后诛杀了征侧、征贰，战事胜利结束。朝廷封马援为新息侯，食邑 3000 户。

马援封侯没有自己庆贺，而是杀牛摆酒，犒赏将士。饮酒中间，他从容地对手下说，此战的胜利，全赖皇上英明，也靠的是将士齐心，个个奋勇。将士听后，敬佩不已，皆欢声雀跃。

接着，马援率大小楼船 2000 多艘，士兵 2 万多人，进击征侧余党都羊等，从无功一直打到巨风，平定了峤南。

马援见西于县辖地辽阔，有 3.2 万多户，边远地方离治所 1000 多里，管理不便，就上书给皇帝，请求将西于分成封溪、望海两县。皇帝采纳了这一建议。

马援每到一处，都组织人力，为郡县修治城郭，并开渠引水，灌溉田地，便利百姓。马援还参照汉代法律，对越律进行了整理，修正了越律与汉律相互矛盾的地方，并向当地人申明，以便约束。从此之后，当地始终遵行马援所申法律，所谓"奉行马将军故事"。

公元 44 年秋，马援率部凯旋回京。还没到京师，好多老朋友都去迎接他，慰问他。平陵人孟冀也在其中。孟冀以多智著称，他在席间向马援祝贺。

马援诚恳地对孟冀说道：

> 方今匈奴、乌桓尚扰北边，欲自请击之。男儿要当死于边野，以马革裹尸还葬耳。

孟冀大受教益。这便是"马革裹尸"的来历。

马援回到京城一个多月，正值匈奴、乌桓进犯扶风，马援见三辅地区受到侵掠、皇家陵园不能保全，就自愿请求率兵出征。只有真正为国忘身的人，才能有如此之境界。光武帝因他勉劳国事，刚刚征南回来，又要离京，命令百官都去送行，以示荣宠。

出兵的第二年秋天，马援率领3000骑兵出高柳，先后巡行雁门、代郡、上谷等地。乌桓哨兵发现汉军到来，部众纷纷散去，马援率师而还。

公元48年，南方武陵五溪蛮暴动，武威将军刘尚前去征剿，冒进深入，结果全军覆没。马援时年62岁，请命南征。

光武帝考虑他年事已高，而出征在外，亲冒矢石，军务烦剧，实非易事，没有答应他的请求。

马援便当面向皇帝请战，说："臣尚能被甲上马。"

光武帝让他试试，马援披甲持兵，飞身上马，手扶马鞍，四方顾盼，一时须发飘飘，神采飞扬，真可谓烈士暮年，壮心不已。

光武帝见马援豪气不除，雄心未已，很受感动，笑道："矍铄哉是翁也！"于是派马援率领中郎将马武、耿舒、刘匡、孙永等人率4万人远征武陵。出征前，亲友来给马援送行。

马援率部到达临乡，蛮兵来攻，马援迎击，大败蛮兵。蛮兵逃入竹林中。随后，马援率军进驻壶头。

蛮兵据高凭险，紧守关隘。水势湍急，汉军船只难以前进。加上天气酷热难当，好多士兵得了暑疫等传染病而死。马援也身患重病，一时，部队陷入困境。

马援命令靠河岸山边凿成窟室，以避炎热的暑气。虽困难重重，但马援意气自如，壮心不减。每当敌人登上高山、鼓噪示威，马援都拖着重病之躯出来观察瞭望敌情。手下将士深为其精神所感动，不少人热泪横流。

最终，身经百战的马援没能敌过病魔的侵蚀，病死疆场，实现了他"马革裹尸"的英雄落幕。

马援与其他开国功臣不同，他大半生都在安边战事中度过。无论是"老当益壮"，还是"马革裹尸"，他都表现了男儿的血气方刚，实现了"生命不息，奋斗不止"的人生理想。

段秀实不畏权贵执法

唐朝大将郭子仪父子在平定叛乱的战争中屡立战功，被皇上封为左散骑常侍之职。一次，郭子仪的儿子郭晞率军驻扎在邠州，由于军令不严，营中一些将士常常跑出去骚扰百姓，横行街市。当地的节度使白孝德，由于害怕郭子仪父子的权势，也不敢出面查究。

段秀实过去是白孝德属下的判官，现在已升任泾州刺史。当他听到这件事后，十分气愤，立即找到白孝德，要求让他兼任节度使署的都虞侯，来处置这件事。

白孝德同意了段秀实的请求，他便把州里的公务交给长史代理，自己搬到邠州节度使衙门办公。

一天，郭晞的部下又结伙到集市上的酒馆里抢酒。段秀实听到报告，异常气愤，立刻带领役吏把闹事的兵士捉住杀了。郭晞营中的士兵们听说后，拿起武器，准备进攻节度使署。段秀实一个人来到军营拦住士兵陈明利害，并说："你们想杀官造反吗？"

郭晞听了，不禁汗流浃背，他扭头斥责左右："统统解下甲胄，各自归队回营，有再敢喧哗闹事者，斩！"

见义不为

子张问："十世①可知也？"子曰："殷因于夏礼，所损益可知也；周因②于殷礼，所损益③可知也。其或继周者，虽百世，可知也。"

子曰："非其鬼④而祭之，谄⑤也。见义⑥不为，无勇⑦也。"

【注释】

①世：古时称 30 年为一世。也有的把"世"解释为朝代。

②因：因袭：沿用、继承。

③损益：减少和增加。

④鬼：这里泛指鬼神。

⑤谄：谄媚、阿谀。

⑥义：人应该做的事就是义。

⑦勇：就是果敢，勇敢。

【解释】

子张问孔子："十世以后（的礼仪制度）可以预先知道吗？"孔子回答说："商朝继承了夏朝的礼仪制度，所减少和所增加的内容是可以知道的；周朝又继承商朝的礼仪制度，所废除的和所增加的内容也是可以知道的。将来有继承周朝的，就是一百世以后的情况，也是可以预先知道的。"

孔子说："不是你应该祭的鬼神，你却去祭它，这就是谄媚。见到应该挺身而出的事情，却袖手旁观，就是怯懦。"

【故事】

孔子志向远大老有所养

有一天，颜回和子路陪在孔子身边闲谈，孔子说："你们何不谈谈自己的志向？"

子路是一个非常有豪侠之气的人，胸襟非常开阔，他豪迈地说："我希望把自己的好东西都和朋友分享，就是用坏了也没有关系。"

颜回的性格比较温和且谨慎，他舒缓地说："我希望有好的道德行为和成就，对于社会有善行和贡献，但我愿意不夸耀自己的长处，不表白自己的功劳。"

子路和颜回的回答是一文一武，志向不同。他们说完了，孔子听了以后，还没有说话，子路忍不住了，转而问孔子道："老师，我们愿意也听听老师您的志向。"

孔子说："我的志向是，让老人有所养而得到安逸，让朋友得到信任，让青年人得到关怀。"

法显艰苦跋涉取经学道

先秦时期形成的自强不息的民族精神，经过秦汉时期的发扬光大，激励着后世一代又一代有志之士。比如东晋时期的法显大师，他在人类还缺乏地理知识、交通条件又极为落后的情况下，为了取经，穿行亚洲大陆和南洋海路，充分体现了中华民族坚忍不拔的优秀品格。法显，姓龚，出生在一个虔诚的佛教家庭。他有3个哥哥都在童年夭亡，他的父母担心他也夭折，就在他才3岁的时候，就送他到佛寺当了小沙弥。

法显10岁时，父亲去世。他的叔父考虑到他的母亲寡居难以生活，便要他还俗。法显这时对佛教的信仰已非常虔诚，他对叔父说："我本来不是因为有父亲而出家的，正是要远尘离俗才入了道。"

他的叔父也没有勉强他。不久，他的母亲也去世了，他回去办理完丧事仍即还寺。

法显20岁时受大戒，这是出家佛教徒成年后为防止身心过失而履行的一种仪式。从此，他对佛教信仰之心更加坚定，行为更加严谨，时有"志行明敏，仪轨整肃"之称誉。

法显受戒后，更加苦心研究佛经。随着学习的深入，他常慨叹律藏残缺，立下了前往天竺即现在印度求取佛法的志愿。

399年，65岁的法显不顾年老力衰，决定前往天竺取经求法和参访佛迹。因为他觉得自己已经年逾花甲，如果再不完成夙愿，恐怕永远没有机会了。他就把自己的想法告诉了4位同修：慧景、道整、慧应、慧嵬，4人非常支持这个大胆的决定，并且表示愿意跟法显同行。法显大喜过望，稍做准备之后，

5人就一起从长安出发，踏上了向西苦行的路途。

法显等一行5人离开长安，日夜西行，翻越了六盘山的南段陇山，来到了西秦地界。此时正是初夏时节，按照佛教徒的习俗，要停留下来坐雨安居。

雨安居结束后，法显等人继续赶路，经过南凉国，翻山越岭，于第二年暮春进入北凉王段业治下的张掖。法显在这里又遇到了佛教徒智严、慧简、僧韶、宝云、僧景、慧达。这6个人听说了西行求法的事，也很欢喜，表示想一同前去。

队伍又壮大了，法显非常开心。不过此时又到了夏季，于是11个人一起坐雨安居。坐完夏之后，法显的11人僧团离开张掖，经过酒泉来到敦煌。宝云等6人还想在敦煌停留些日子，去鸣沙山看凿石窟，于是11个和尚分成两拨，法显领着4个人先走了。

临行前，敦煌太守李暠给了他们充足的水和干粮，并对法显说："去西天的路艰险异常，这里向西不远，就有800里沙河，那里不但有恶鬼食人，还有热风吹人昏迷，明明看见有水草，人畜却被活活渴死，你此去可要多加小心，如果不能前行，就回敦煌来吧！"

法显道了谢，说道："我在长安已经立下了宏愿，不到西天求得戒律决不回头。希望我们回来的时候再见吧！"

法显等人离开敦煌，走了近半个月，终于看见了渺茫可畏的沙河。这里流沙漫漫，极目苍黄，天上没有飞鸟，地上也没有走兽，没有水源，连一棵草木也不生长。法显没有皱眉头，几位僧人结伴向前走去。

走进沙河，才真正体会到旅途的艰苦。行人的两脚经常陷进沙里，走得很慢；沙河里的风时常卷着沙砾迎面打来，让人睁不开眼睛。随身携带的水和干粮吃完了，前面的黄沙还是漫无边际。

僧人们又干又渴，找不到水草，四顾茫茫，不辨方向。只有路上零星可见的古往今来堆积起的人畜骸骨，触目惊心地指示前进的路途。

见义不为

法显一行跋涉了 17 天，才走出沙河，来到鄯善国。这里人原来住在楼兰古城，因为罗布泊干涸没水，这才被迫南迁，到了现今这个道路崎岖、土地贫瘠的地方定居。法显等人在这里停留了一个月，跟僧侣们交流学习了天竺语文。

离开鄯善，他们向西北方向走了 15 天，来到焉耆。法显等人川资路费已经花费罄尽，要留留不下，要走走不得，十分尴尬。于是智严、慧简、慧嵬自告奋勇，要前往东北方的高昌国化求盘费。

法显等两人在焉耆待了两个月，没等到智严，却等来了宝云等 6 人，大家重逢十分欢喜。又等了些时日，还是不见智严等回来。他们只好先行上路了。一行人，离开焉耆往西南方向行进。经过龟兹后，进入塔克拉玛干大沙漠腹地。

塔克拉玛干沙漠今天是世界上最大的流动性沙漠之一。这里气候干燥恶劣，寸草不生，沙漠里的风推动着 200 米高的沙丘缓慢移动，使旅途倍加艰难。就是年轻小伙子，遇到这般千里渺无人烟的景象也不免心惊，在里面走上一天也会叫苦不迭，可是年近古稀的法显，却硬是带着僧人小队，咬着牙横穿大沙漠，历时 35 天。

走出沙漠之后，法显一行来到于阗。都城在今天新疆维吾尔自治区和田一带。于阗是当时西域佛教的一大中心，法显他们在这里观看了佛教"行像"仪式，住了 3 个月。

法显一行在于阗收获颇丰。随后继续西行，准备翻过葱岭。葱岭又叫"雪山"，今天被叫作"帕米尔高原"。葱岭海拔超过 4000 米，冬夏有雪，气候恶劣，地势险峻，亘古难行，而且经常发生雪崩。

法显的僧人小队不怕艰险，花了整整一个月的时间，才翻过葱岭，来到北天竺境内的陀历。

法显等人从陀历向西南方向行进，沿途是崇山峻岭，道路崎岖。山上除了石头寸草不生，往下望一望是万丈悬崖，令人心惊目眩。印度河在崖下奔流而过，水声雄浑，气势宏大。

从这里过河无舟无桥，只能沿着前人凿出来的 700 级狭窄的石阶，小心翼翼地贴着山崖前进。

走完梯级，就看到一根悬索通到 80 步外的河对岸，要想过河，只有抓住绳索攀缘过去。7 个人一鼓作气，抓着晃晃悠悠的悬索，从波涛汹涌的印度河上凌空而过。

法显对和尚们说："释迦涅槃后 300 年，就有僧人背着经律从这里渡河而东，东方自此有了佛法。如今又过了 400 年，我们从这里渡河西去求取经律，这也是一种因缘啊！"

法显的 7 人小僧团渡过印度河，来到乌苌国境内。这时候已经是 402 年的春夏之交，也是法显远行的第四年了。法显准备在乌苌国坐雨安居，而慧景、道整、慧达听说西南方的那竭国有一处胜迹佛影窟，里面留有释迦牟尼的影子，心里向往不已，马上就想去看。于是这 3 个和尚再一次组成了先遣队，往那竭国先走了。

法显等 4 人在乌苌国雨安居结束后，准备继续南行。这时候，先到那竭国去的慧达返回弗楼沙。慧达、宝云、僧景也表了态，打算供养佛钵之后就回国去。慧应又得了急病，没过几天就不幸去世。

法显觉得很伤感，这是他西行以来感到最落寞无助的时候。但他又没法放弃，慧景和道整在前方等着他。他默默收拾好行装，深吸一口气，一个人孤零零地朝那竭国进发了。

法显独自向西来到了那竭国的醯罗城。这里以供养着释迦牟尼佛的头顶骨而著称。法显在这里与慧景、道整会合。开春以后，3 个人启程南下，走到了小雪山。

小雪山冬夏积雪，寒冷异常。他们爬到山的北阴，突然遇到寒风骤起，慧景受不住寒流的袭击被冻死了，法显抚摸着慧景的尸体，无限感慨地哭着说："取经的愿望未实现，你却早死了，命也奈何！"

当初颇具规模的 11 人小队，死的死，回的回，离队的离队，如今只剩下法显和道整两人。两人互相帮扶着，经历了常人不能想象的艰难，翻过了雪山，到达罗夷国。又经跋那国，再渡新头河，到达毗荼国。接着走过了摩头罗国，渡过了蒲那河，进入中天竺境。

404 年，法显二人来到了佛教的发祥地拘萨罗国舍卫城的祇洹精舍，在这里看到佛陀的遗迹。

法显一方面感动赞叹，另一方面又想到自己一行 11 名僧人，历经千辛万苦，游历诸国，有的远走他乡，有的半途折返，还有的无常坐化，再也不能亲眼看到此番庄严胜景，不由心生悲恸，默默垂泪。

法显和道整从舍卫国继续东行，先后游历了佛陀的祖国迦毗罗卫城以及佛教的圣迹。

后来进入天竺，遍历中天竺，参观了鹿野苑后，辗转来到巴连弗城，此时两人已跋涉近两万里，游走近 6 年。

法显在巴连弗停留了 3 年，专心学习梵文梵语，抄写律论经典。3 年过去了，法显准备启程回国。

这时候，道整对法显说："此地法度齐备，僧众仪范可观，相比之下，汉土戒律残缺，僧徒修持难得要领。我已下了决心留在此处，从今往后直至证道，我愿生生世世不再生在法外边远之地！"

法显说："我又何尝不想留在天竺，证道成佛呢？但是我们当初离开故乡来到这里，就是为了取得戒律回国，让僧戒流传汉土，让佛法发扬光大。你留在这里也好，我就一个人回国去吧！"

法显准备好行装，带好抄得的典籍，告别了道整和巴连弗的僧人，独自踏上了回国的行程。

法显顺着恒河东下，经过瞻波国，又向南来到多摩梨帝国。这里佛法也很兴盛，法显在这里写经画像，住了两年。之后，他搭乘商船，在南亚初冬由东北向西南的信风吹送下，经 14 昼夜来到狮子国。

法显在狮子国停留了两年。有一次，法显在无畏山精舍看到商人用一把祖国产的白绢团扇供佛，他捧着扇子老泪纵横：他已经离开故国 12 年，当初跟他同行的伙伴们或死或分，如今剩了他一个；所见的山川草木跟故乡完全不同，他已经很久没有讲汉语了。

法显那么想念祖国，那么想念长安，想念吕梁山，想念汾河，想念宽面，想念滩枣，想念无数次出现在梦里的故乡人。他决定动身回国。

411 年农历八月，法显完成了取经求法的任务，坐上商人的大船，循海东归。船行不久，即遇暴风，船破水入。幸遇一岛，补好漏处又前行。

就这样，在危难中漂泊了 100 多天，到达了耶婆提国，即现在的印度尼西亚的苏门答腊岛，一说爪哇岛。法显在这里住了 5 个月，又转乘另一艘商船向广州进发。

不料行程中又遇大风，船失方向，随风漂流。正在船上粮水将尽之时，忽然到了岸边。法显上岸询问猎人，方知这里是青州长广郡的崂山。时为 412 年的夏季。

法显 65 岁出游，前后共走了 30 余国，历经 13 年，回到祖国时已经 78 岁了。在这 13 年中，他跋山涉水，经历了人们难以想象的艰辛。正如他后来所说的：

顾寻所经，不觉心动汗流！

他在临终前的 7 年多时间里，一直紧张艰苦地进行着翻译经典的工作，共译出了经典 6 部 63 卷。他翻译的《摩诃僧祇律》，也叫"大众律"，为五大佛教戒律之一，对后来的我国佛教界产生了深远的影响。

法显还将自己西行取经的见闻写成了一部不朽的世界名著《佛国记》，

见义不为

在世界学术史上占据着重要的地位，是研究当时西域和印度历史的极为重要的史料。

法显以年过花甲的高龄，完成了穿行亚洲大陆又经南洋海路归国的远途陆海旅行的惊人壮举，他留下的杰作《佛国记》，不仅在佛教界受到称誉，而且也得到了中外学者的高度评价。

玄奘历尽艰险取佛经

随着唐宋时期三教思想的进一步融合，促使人们向往真理，追求真知。唐代高僧玄奘为求佛法从京都长安出发，历经艰难抵达天竺，游学于天竺各地。成为一位勇敢的中外文化交流的使者。

玄奘，俗名陈祎，唐代洛州缑氏人，即现在的河南偃师缑氏镇。他的家族本是儒学世家。为东汉时期名臣陈寔的后代，曾祖陈钦曾任东魏上党太守，祖父陈康为北齐国子博士，父亲陈惠在隋代初期曾任江陵县令，大业末年辞官隐居，此后潜心儒学修养。

玄奘幼年即受家教的影响，当时他的家境十分贫寒，11 岁就出家当了和尚，熟读《妙法莲华经》《维摩诘经》。13 岁时洛阳度僧，被破格入选。其后听景法师讲《涅槃》，从严法师学《摄论》，升座复述，分析详尽，博得大众的钦敬。

玄奘 32 岁的时候到长安大慈恩寺度僧，被破格入选，拜名僧为师，深入钻研佛教各派经典。

有一天，天竺国一位高僧来到长安讲经，介绍天竺的那烂陀寺有位戒贤法师很有学问，对佛教各派学说都有精深研究。玄奘决心去天竺向戒贤法师学习。

玄奘 34 岁的时候，只身一人离开长安，踏上了去天竺的路。当时的交通很不方便，到天竺的路途又非常遥远，艰难险阻数不胜数。

玄奘离开长安，到了瓜州，先是被李昌捉住，后因李昌是信佛之人，所以把玄奘放了。

玄奘被放之后，去一座庙里求佛。在这里他偶然遇到一名胡人，名叫石磐陀，希望请高僧为他受戒，让他成为居士，于是就请玄奘帮他受戒。当他得知玄奘要远赴印度求法，心中十分敬仰，发誓要帮助玄奘，随师父前往印度。

但经过几天的日夜兼程，石磐陀担心玄奘在途中被山贼抓去而把他供出来，担心惹来杀身之祸，由此他竟产生了杀师叛逃的恶念。

这天夜晚，玄奘刚躺下睡觉，发觉有人正向他走来，定睛一看，正是石磐陀。石磐陀抽出刀，向他逼近，走过来，又返回，又走过来，又返回。

玄奘知道他已经动了杀机。此刻，不论是厉声斥责，还是乞求饶命，都会激起石磐陀的杀心。于是玄奘静静地坐着，闭目不视。见此情景，石磐陀竟不敢下手，徘徊良久，终于还刀入鞘。

至第二天早晨，石磐陀终于向玄奘承认了错误。于是玄奘送石磐陀一匹骏马，自己带着一匹瘦老的马继续西行。

玄奘在西行的路上，路过龟兹，被当地盛情招待。事后，玄奘去拜见当地地位最高的法师木叉麴多。由于木叉麴多有点看不起玄奘，所以处处轻蔑，还说玄奘的西行取经是多此一举。于是，在木叉麴多的神奇庙里举行了一次辩经。

由于木叉麴多处处狂妄自大，最后惨败给玄奘。经过这件事后，木叉麴多再见到玄奘不敢再坐着，都是站着和玄奘说话，以表示尊重。

在西行途中，有一天玄奘走进了大沙漠。这里一片茫茫，上不见飞鸟，下不见走兽，有时一阵旋风，卷起满天沙土，像暴雨一样落下来。走了一天，

见义不为

他感到十分疲劳，就下马歇息，取下挂在马鞍上的皮囊想喝口水。不料，一时不小心，皮囊掉到了地上。

仅有的一皮囊水全洒在了沙漠里，他十分懊悔。于是，决定回去取水，拨转马头，向东走了 10 多里路。这时，他想起出发前立下誓言：不到天竺决不向东后退一步！现在怎能因水而东退呢？他又立即调转马头，继续向西北行进。

玄奘在沙漠里接连走了四夜五天，没有一点水喝，口渴得像火烧一样，终于支持不住昏倒在沙漠上。至第五天半夜，天边起了凉风，把玄奘吹得清醒过来。他站起来，牵着马又走了 10 多里，发现一片草地和一个池塘。

有了水草，人和马才摆脱绝境。又走了两天，终于走出大沙漠。经过伊吾，到了高昌。高昌王麹文泰遣使迎候，高昌王由侍人陪同，亲自迎接玄奘入后院，住一重阁宝帐之中，王妃与数十名侍女皆来膜拜。

麹文泰又命年逾 80 岁的国统王法师规劝玄奘留住，但玄奘没有同意，说道：

我来到此地是为西行求法，今天受到你的阻碍，大王只可留下我的尸骨，我求法的意志和决心，大王是留不住的。

以后便绝食 3 天以示抗议。

麹文泰被玄奘西行求法的决心所感动，只好放他西行。麹文泰还要求玄奘从印返国路过高昌国时，留住 3 年，受王供养。还要求现在讲《仁王经》一个月，玄奘一一答应。

玄奘离开使他备受敬重的高昌，又踏上了万里征途，历经艰辛，踏过 20 多个国家的国土，经过一年的时间，终于到达了北印的滥波国。

玄奘用了 4 年时间，行程 5 万里，沿途拜访了 16 个国家的名僧求法。终于到了北天竺摩揭陀国的那烂陀寺。

那烂陀寺有僧众 1 万多人。其中通晓经论 20 部的只有 1000 多人，通晓 30 部经论的只有 500 人，通晓 50 部的连玄奘在内只有 10 人。全部通晓的只有著名的佛学大师戒贤法师一人。

玄奘拜印度戒贤法师为师，学习《瑜伽师地论》。戒贤法师虽然年事已高，多年不讲经了，可是却特地为玄奘开讲，一连讲了 15 个月。玄奘起早贪黑，刻苦钻研了 5 年，终于通晓了全部经论，掌握了天竺佛学的要义，成了很有学问的佛学大师。

玄奘并没有就此满足。他又到印度的其他一些国家继续学习，学识更加渊博。

天竺是佛教的发源地，有很多佛教古迹。玄奘在天竺游历各地，朝拜圣迹，向高僧学经。

有一次，他在乘船渡恒河的时候，碰到一群强盗。他们迷信妖神，每年秋天都要杀个人祭神。船中的强盗看中玄奘，要把他杀了祭神，玄奘再三向他们解释也没有用，只好闭着眼睛念起经来。

说也凑巧，这时正好起了一阵狂风，河里浊浪汹涌，差一点打翻了船。强盗害怕起来，赶快跪下忏悔，把玄奘放了。这件事很快传开了，当地的人都还认为玄奘真有什么佛法保护呢！

经过 6 年的学习后，玄奘又回到了那烂陀寺。戒贤法师叫玄奘主持讲席，给全寺僧众讲经。摩揭陀国的戒日王是个笃信佛教的国王，听到玄奘的名声，很是钦佩。

642 年 12 月，戒日王在他的国都曲女城举行了 5 年一度的无遮大会。参加会议的有印度 18 个国家的国王，熟悉佛教教义的 3000 多僧人，那烂陀寺的 1000 多僧人，还有很多其他方面人士。这是印度文化史上一次有名的盛会。

见义不为

一天，有个婆罗门教徒，写了40条经文，挂在那烂陀寺门口，高傲地宣称："如果有人能破我一条，我甘愿把头砍下来认输。"几天过去了，没有一个人敢和他辩论。

这时，戒日王请求玄奘出来驳斥那个异教徒。玄奘叫人把寺院门口所挂的40条经文取下来，请戒贤法师等做见证人，把那个婆罗门教徒驳得哑口无言，只好低头认输，请求履行前言。

玄奘笑着说："佛门弟子是不杀人的。你就留在我身边做杂务吧！"这个婆罗门教徒高兴地顺从了玄奘。

经过这件事，大家一致推举玄奘为论主，即主讲人。玄奘在大会上宣讲了他的佛学论文，并由人抄写一本，悬挂在会场门口，供大家讨论。会议开了18天，无一人提出疑问。对玄奘都很佩服，公认他是第一流的佛学学者、大师，并被大乘尊为"大乘天"，被小乘尊为"解脱天"。

散会那天，按照印度的传统，戒日王请玄奘骑上装饰华丽的大象游行一周，表示对他的尊敬。从此，唐僧玄奘的名声传遍了印度。

玄奘在会后准备归国。消息传开以后，戒日王千方百计地挽留他。迦摩缕波国的鸠摩罗王也表示，只要他留在印度，要为他造100座寺院，这些优厚待遇没有动摇他回国的决心。

645年，50岁的玄奘带着600多部佛经，回到了阔别10多年的长安，人们欢迎他的归来。史载当时"道俗奔迎，倾都罢市"。

不久，唐太宗接见并劝其还俗出仕，玄奘婉言辞谢。尔后留长安弘福寺译经，由朝廷供给所需，并召各地名僧20余人助译，分任证义、缀文、正字、证梵等职，组成了完备的译场。

此后，玄奘译出多卷佛经，其中包括他自己口述、由弟子辩机笔受完成《大唐西域记》。在这本书里，他把亲自到过的100多个国家和听到过的28个国家的地理情况、风俗习惯记载下来，成为重要的历史和地理著作。玄奘一生共译佛教经论75部1335卷，无论是翻译数量，还是质量，都是空前的。

玄奘回国后，和印度名僧一直保持着联系，中印度摩珂菩提寺的智光、慧天等曾经致信玄奘，称他为"摩珂支那国于无量经律论妙尽精微木叉阿遮利耶"，间谓"善解诸经律论的中国大师"。

由于玄奘取经这件事本身带有传奇色彩，后来，在民间流传了许多关于唐僧取经的神话，说他取经路上，遇到许多妖魔精怪，这当然是虚构出来的。比如明代小说家吴承恩的神话小说《西游记》里面的故事，跟真正的玄奘取经事迹已经离得很远了。

千百年来，玄奘历尽千辛万苦，舍身求法的精神，孜孜不倦为中外文化交流献身的精神，一直受到人们的崇敬和传颂。

鉴真百折不挠东渡日本

唐代域外求经的佛教人物除了玄奘外，鉴真法师数次东渡日本，其所体现的既定目标，坚定信仰，一往无前，百折不挠，视死如归的伟大精神，同样诠释了中华民族的道德理想。

鉴真，俗姓淳于，唐代扬州人。鉴真14岁时，有一次他随父亲到大云

见义不为

寺拜佛，为佛像庄重、慈祥的造型所感动，随即向父亲提出要求出家为僧。

父亲见他心诚志坚，在征得智满禅师的同意后，鉴真在大云寺出了家，从著名僧人道岸禅师受戒。从此鉴真成了他的法名。

鉴真刚刚遁入空门时，寺里的住持让他做

个谁都不愿做的行脚僧。每天他都很勤奋地做着住持交给他的工作，已经两年了他每天如此，从来没有一次让住持对他的工作觉得不满意。

但鉴真一直想不明白，认为自己很委屈，觉得住持分配得一点都不公平。

有一天，已日上三竿了，鉴真依旧大睡不起。住持很奇怪，推开鉴真的房门，只见床边堆了一大堆破破烂烂的瓦鞋。住持很奇怪，于是叫醒鉴真问："你今天不外出化缘，堆这么一堆破瓦鞋干什么？"

鉴真打了个哈欠说："别人一年都穿不破一双瓦鞋，我刚剃度一年多，就穿烂了这么多的鞋子。"

住持一听就明白了，微微一笑说："昨天夜里刚落了一场雨，你随我到寺前的路上走走吧！"

寺前是一座黄土坡，由于刚下过雨，路面泥泞不堪。住持拍着鉴真的肩膀说："你是愿意做一天和尚撞一天钟，还是想做一个能光大佛法的名僧？"

鉴真回答说："当然想做光大佛法的名僧。"

住持捻须一笑接着问："你昨天是否在这条路上走过？"

鉴真说："当然。"

住持问："你能找到自己的脚印吗？"

鉴真十分不解地说："我每天走的路都是又干又硬，哪里能找到自己的脚印？"

住持又笑笑说："今天再在这路上走一趟，你能找到你的脚印吗？"

鉴真说："当然能了。"

住持笑着没有再说话，只是看着鉴真。鉴真愣了一下，然后马上明白了住持的教诲，开悟了。

经过两年的刻苦学习后，鉴真随道岸禅师来到佛教最盛的洛阳、长安游学。22 岁时，在长安名刹实际寺从高僧弘景，顺利地通过了具足戒。

鉴真在文纲、道岸、弘景等律宗传人的影响下，对戒律的研究逐渐精熟并开始讲佛布道。他以青年人特有的热情，巡游佛迹，苦读《四分律行事钞》、《四分律疏》等经典，并先后从西京禅定寺义威、西明寺远智、东京授记寺金修、慧策、西京观音寺大亮听讲《律钞》等。

由于鉴真聪明好学，矢志不移，很快成为文纲、道岸、弘景之后律宗的后起之秀。在西京学习时，鉴真不仅融合佛教各家如法相、天台等宗所长，形成了自己的独立见解，而且对其他方面的知识也广泛涉猎和研究。

713 年，26 岁的鉴真回到扬州，为大明寺的大师。他从事佛事活动，由于学识和道德高尚，声名与日俱增，以至于成为这一地区的佛教"宗首"。

鉴真不仅讲佛写经、剃度僧尼、修寺造佛，而且还从事救济贫病、教养三宝等活动。当他 45 岁时，由他传戒的门徒达 4 万多人，成为江北淮南地区"独秀无伦，道俗归心"的著名高僧，江淮间尊为"受戒大师"。

在当时，日本佛教戒律不完备，僧人不能按照律仪受戒。733 年，日本僧人普照等人随遣唐使入唐代朝廷，邀请高僧去传授戒律。他们访求 10 年，

见义不为

决定邀请鉴真。

742年，鉴真毅然应请，决心东渡。鉴真及弟子21人，连同4名日本僧人，到扬州附近的东河既济寺造船，准备东渡。当时日本僧人中持有宰相的公函，因此地方官也加以援助。

不料有人诬告鉴真一行造船是与海盗勾结，准备攻打扬州。当时海盗猖獗，淮南采访使班景倩闻讯大惊，派人拘禁了所有僧众，虽然很快放出，但是勒令日本僧人立刻回国，第一次东渡就此夭折。

744年1月，鉴真做了周密筹备后，带了共100余人再次出发。结果尚未出海，便在长江口的狼沟浦遇风浪沉船。船修好后刚一出海，又遭大风，飘至舟山群岛一小岛，5天后众人方被救，转送明州阿育王寺安顿。

开春之后，越州、杭州、湖州、宣州各地寺院皆邀请鉴真前去讲法，第二次东渡遂结束。

结束了巡回讲法之后，鉴真回到了阿育王寺，准备再次东渡。此事为越州僧人得知，为挽留鉴真，他们向官府控告日本僧人潜藏中国，目的是让鉴真去日本。第三次东渡就此作罢。

江浙一带既然不便出海，鉴真于是决定从福州买船出海，率30余人从阿育王寺出发。但刚走到温州，便被截住。原来鉴真留在大明寺的弟子灵佑担心师父安危，苦求扬州官府阻拦，淮南采访使遂派人将鉴真一行截回扬州。第四次东渡不了了之。

前4次的失败，并没有改变鉴真的初衷。他在扬州继续准备东渡物资。748年6月27日，东渡日本的队伍又出发了。由于逆风，船在海岸附近停留了近3个月，大家都急坏了，老天爷怎么对传法如此磨难！

一天，鉴真对大家说："昨夜，我梦见3个官人模样的人，一个穿红，两个穿绿，站在岸上向咱们作揖告别，这定是国神。想来这次渡海该成功啦！"

过了一会，果然刮起了顺风。船上的僧众齐齐跪下来，面朝西方，泪水纵横，因为不知道什么时候才能回到故乡了。

船离岸越来越远了。傍晚时分，突然刮起大风，大海顿时像开了锅一般，白沫乱滚，风声夹着涛声，仿佛水底有千百个水怪在咆哮，海水黑得如同墨汁。船一会儿被抛上浪尖，一会儿被摔入浪谷。船上的人慌得晕头转向，僧人们断断续续念起《观音经》来。

"船要沉啦，快把货物扔下海！"船夫忽然大声喊道。

有些僧人死死抱紧箱笼，说："这都是法器，比性命还重要！"

"现在还有什么比命更紧要的！快扔！"船夫急了。几个水手抱起栈香笼就要往海里扔。

正在这时，空中传来一个声音："莫抛！莫抛！"这声音一时压过了风浪声。船夫吃了一惊，马上把栈香笼放下来。

鉴真喊道："大家不必惊慌，菩萨一定会帮助咱们渡过险境！"

第二天，风浪平静了许多，船又继续航行。第三天，船飘到了蛇海。几尺长的海蛇，或青色，或红色，在船四周闪电般地游动，十分骇人。过了蛇海，又进了飞鱼海。成尺长的鱼时不时成群跃出海面，在天空中闪烁着银光，让僧人们看得眼花缭乱。不久又到了飞鸟海，一群群巨鸟在海面上飞翔，鸟群倒不怕人，时时落到船上歇脚，几乎把船压沉。

隔了两天，风又大起来了。全船的僧人个个吐得翻肠倒肚，昏昏沉沉，躺在舱板上。只有普照还能走动，每天给大家发些生米充饥。但船上的淡水用光了，海水苦涩，根本不能下肚。大家嚼着生米，痛苦不堪，因为咽喉干涸，米咽不下，也吐不出来。

鉴真也躺在舱板上，鼓励道："好事多磨，大家要坚持啊！"然后努力地咽着生米粒。这时候，海里不知哪里游来 4 条金灿灿的大鱼，围着船转圈。大家正在惊讶，风就停息了，天空显得格外明净，鱼也不见了。

第二天，船靠上一个海岛，船上的人都拥到岛上找水，结果发现了一个水潭，众人敞开肚皮喝了个饱，又把所有能盛水的东西盛满水带回船上。

这时，已经是冬天了，可这岛上却一片葱茏，满树花果，气候宛如夏天。原来，鉴真他们辛苦了半年，并未去到日本，而是飘到了海南岛，离日本更加遥远了。

虽然当地的地方官是个佛徒，极力挽留鉴真，但鉴真仍不放弃东渡的念头，地方官只好派人护送他回大陆。第五次东渡结束。

由于鉴真的游历遍于半个中国，因此声名大噪。753 年，日本遣唐使藤原清河、吉备真备、晁衡等人来到扬州，再次恳请鉴真同他们一道东渡。

当时唐玄宗崇信道教，意欲派道士去日本，为日本拒绝，因此不许鉴真出海。鉴真就秘密乘船至苏州黄泗浦，转搭遣唐使大船。随行人 24 人，其中僧尼 17 人。11 月 16 日，船队扬帆出海，此时，普照也从余姚赶来。

753 年 11 月 21 日，鉴真所乘舟与晁衡乘舟失散，12 月 6 日剩余两舟一舟触礁，12 月 20 日，抵达日本萨摩。第六次东渡终于成功。

鉴真一行前后历时 12 年，6 次启行，5 次失败，航海 3 次，几经绝境。先后有 36 人死于海难和伤病，200 余人退出东渡行列。只有鉴真笃志不移，百折不挠，终于实现了毕生的宏愿。

鉴真来到日本的消息，引起了日本朝野的极大震动。鉴真受到日本朝野的盛大欢迎。他被圣武天皇委任为大僧纲，掌握传律的大权，成为日本律宗的开山祖师。

鉴真除讲授佛经，还详细介绍我国的医药、建筑、雕塑、文学、书法、绘画等技术知识，对中日经济文化交流做出了杰出贡献。

鉴真大师东渡是一座历史丰碑。他不仅被他那种为把大唐文化传播到日本，不畏艰辛精神所折服，而且为宣扬佛法永不放弃的信念所震撼，终成为一代家喻户晓的宗师受万人敬仰。

苦难成就的诗圣杜甫

唐宋时期的文化重构，在文学领域的反映或许最为鲜明。比如像杜甫这样的人，面对惨淡的人生，不逃不避，敢于直面，这是他最大的精神力量，并用这种力量来写他的作品，使得他的诗歌具有令人警醒的艺术魅力。

杜甫出身于一个具有悠久传统的官僚世家，家庭给予杜甫正统的儒家文化教养，树立了务必要在仕途上有所作为的雄心。

杜甫早慧，据称 7 岁便能写诗，十四五岁时便"出游翰墨场"，与文士们交游酬唱。20 岁以后的 10 余年中，杜甫过着漫游的生活。这既是为了增长阅历，也是为了交结名流、张扬声名，为日后的仕途做准备。

杜甫先到了吴越一带，江南景物和文化给他留下很深刻的印象。24 岁时，杜甫赴洛阳考试，未能及第，又浪游齐、赵，度过一段狂放的生活。

杜甫 35 岁左右来到长安求取官职。开始他满怀信心，但滞留 10 年却一再碰壁。这可能是因为他的家庭背景已不够有力，而把持权柄的李林甫等人，又对引进人才采取阻碍的态度。

由于杜甫在到长安不久之后，父亲就去世了，因此他的生活变得艰难起来。为了生存，为了求官做，杜甫不得不奔走于权贵门下，作诗投赠，希望得到他们的引荐。

此外，他还多次向唐玄宗献赋，指望唐玄宗对他的文才投以青睐。种种努力的结果，是到"安史之乱"的前夕才获得右卫率府胄曹参军这样一个卑微的官职。

"安史之乱"爆发后，杜甫一度被困于叛军占据下的长安。后来只身逃出，投奔驻在凤翔的唐肃宗，被任为左拾遗。左拾遗是一个从八品的谏官，地位

见义不为

虽不高，却是杜甫仅有的一次在朝廷任职的经历。但不久就因上疏申救房琯的罢相而触怒唐肃宗，后于乾元初被贬斥为华州司功参军。

由于战乱和饥荒，杜甫无法养活他的家庭，加之对仕途的失望，在759年丢弃了官职，进入在当时尚为安定富足的蜀中。

从"安史之乱"爆发到杜甫入川的4年，整个国家处在剧烈的震荡中，王朝倾危，人民大量死亡，杜甫本人的生活也充满危险和困苦。

杜甫的诗歌创作，因了血与泪的滋养，达到了巅峰状态。如《月夜》、《兵车行》以及《三吏》《三别》等大量传世名篇，从诗人浸满忧患的笔下不绝涌出。杜甫自幼接受儒家正统文化的熏陶，把贵德行、重名节、循礼法视为基本的人生准则。但他也并不是完全变成了另外一个人，变成了纯粹的恂恂君子。

杜甫滞留长安及漂泊西南时期，常常不得不寄人篱下，仰仗权势者的济助，成为一名失业者、乞食者，怎么能不深感痛苦呢？

事实上，杜诗中那种对于国家和社会的关切，固然是出于真情，但也未免没有在自觉的忙忙碌碌、于世无益中，存在精神上的自我提升、自我拯救的挣扎。对人生信仰、政治理想的执着，是杜甫个性的一大特征。

后代有人说杜甫是"村夫子"，杜甫诗中也自称"乾坤一腐儒"，都是就这一种执着态度而言。所谓"致君尧舜"，所谓"忧民爱物"，这些儒家的政治观念，在很多人只是一种空谈、一种标榜，杜甫却是真心地相信和实行它。

儒者本该有"穷则独善其身，达则兼济天下"的进退之路，而杜甫却不愿如此，他是不管穷富，都要以天下为念。甚至，越是社会崩溃昏乱，他越是要宣扬自己的政治理想。杜甫的这种执着态度，在当年实际的政治生活中未必有什么用处，对于诗人来说却是重要的。

杜甫早期作品留存数量很少。这些诗篇和时代的风气相一致，充满自信，带有英雄主义的倾向。随着杜甫渐渐深入到苦难的现实，他的诗也变得沉重起来。但早期诗歌那种气势壮阔的特点，仍然保留着。

《兵车行》的创作标志着杜甫诗歌的转变，由此形成并基本上贯穿了杜甫此后一生诗歌创作。其在思想内容方面的主要特征有4点：严肃的写实精神；在忠诚于唐王朝和君主的前提下，对腐朽现象给予严厉批判；对民生疾苦的深厚同情；对国家与民族命运的深沉忧念。

《兵车行》的开头是一幅悲惨的图景：

车辚辚，马萧萧，行人弓箭各在腰。

耶娘妻子走相送，尘埃不见咸阳桥。

牵衣顿足拦道哭，哭声直上干云霄。

接着把批判的锋芒指向好大喜功的执政者：

边庭流血成海水，武皇开边意未已！

诗中继续写到战争导致国内生产力的衰减："君不闻汉家山东二百州，千村万落生荆杞，纵有健妇把锄犁，禾生陇亩无东西。"最后借想象为那些无辜的死者发出悲愤的哭喊："君不见青海头，古来白骨无人收。新鬼烦冤旧鬼哭，天阴雨湿声啾啾！"

在唐诗中，如此严肃地正视现实、具有深刻的批判精神的作品，以前还没有过。在杜甫的思想中，合理的政治应当表现为当政者与人民之间的和谐：君主应当爱护人民，使之安居乐业，而人民则理所当然地应该忠诚和拥戴君主。

杜甫作为一个诚实的诗人，在严肃地面对现实时，不能不为此感到困苦。他的名篇《三吏》《三别》就是很好的例子。

759 年 6 月，杜甫被贬为华州司功参军。同年冬，从华州赴洛阳探亲。次年离开洛阳，回华州任所，途经新安、潼关、石壕等地，目睹战争给百姓造成的巨大灾难，特别是征丁抓夫的惨状，写了《新安吏》《潼关吏》《石壕吏》《新婚别》《垂老别》《无家别》这 6 首诗。

杜甫"忧国"，不回避眼见的事实；"忧民"，不背弃唐王朝的根本利益，因此只能在尖锐的矛盾中寻找折中的途径。而这种折中又是很勉强的，这使诗中表现出的情绪显得非常痛苦。

其实，作为封建时代的诗人，能够如此严肃地正视现实，关怀人民，已是难能可贵。《兵车行》和《三吏》《三别》那样细致描述的作品已经很少再有了，但以高度概括的诗歌语言所揭示的事实，却别有一种震撼人心的力量。

在长期的封建社会中，杜甫之所以能够获得"诗圣"这样一个带有浓厚道德意味的尊称，也是有其深刻的原因的。

时代的苦难被杜甫以焦虑和愤怒的心情一一记录在诗中。但他对现实只能苦苦地告诫那些做官的朋友廉洁、爱民，期盼皇帝的贤明能减征赋，务农息战。这些无奈的、固执的哀告，说出了受尽苦难的广大民众的心愿。

杜甫不只是一个时代的观察者、记录者，他本身的遭遇是同时代的苦难纠结在一起的。人们从他的诗篇中，可以清楚地看到这位诚实的、富于正义感和同情心的诗人，如何辗转挣扎于漂泊的旅途，历经饥寒困危，备尝忧患。对于生活在动乱时代的人们，这一类诗格外具有感染力。

如《月夜》，是杜甫在"安史之乱"爆发后困居长安时所作，抒发了诗人对被战火阻隔的妻子的怀念："今夜鄜州月，闺中只独看。遥怜小儿女，未解忆长安。香雾云鬟湿，清辉玉臂寒。何时倚虚幌，双照泪痕干！"

当他逃至凤翔后，有了机会去鄜州探家时，又写出他的名篇《羌村三首》，其中的第一首说：

> 峥嵘赤云西，日脚下平地。
>
> 柴门鸟雀噪，归客千里至。
>
> 妻孥怪我在，惊定还拭泪。
>
> 世乱遭飘荡，生还偶然遂。
>
> 邻人满墙头，感叹亦歔欷。
>
> 夜阑更秉烛，相对如梦寐。

诗中呈现一幅戏剧性的异常感人的场面。在那一场突发的大战乱中，家破人亡是寻常事情，骨肉重聚反而似乎是不可思议的了。

杜甫以准确生动的语言，把他们一家人重新相见时，彼此如在梦中、亦惊亦悲亦喜的复杂心情清晰地呈现出来，可谓感人至深。千百年来，它不知引发了多少人内心的共鸣。

正是因为个人的命运同时代的苦难纠结在一起，富于同情心和社会责任感的杜甫，常常从自身的遭遇联想到更多的人、更普遍的社会问题。这种宽广的胸怀，是值得后人钦佩的。

杜甫的诗歌自古以来就有"诗史"的美誉，但杜甫其实并非有意于史。

他的那些具有历史纪实性的诗篇以及那些记述自身经历而折射出历史面目的诗篇，乃是他的生命与历史相随而饱经忧患的结晶，是浸透着他个人的辛酸血泪的。

杜甫具有强健的人格筋骨，经得起炎凉的摔打，受得了家国破碎的痛击，以悲痛为华章，写长歌以当哭，赢得了千秋万代的美名，无人能望其项背，无人不赞其坚韧，堪称忧国忧民和直面苦难的人格理想的典范。

苏轼超然物外的追求

苏轼在历史文化长廊中是一个丰碑级的人物，他一生辗转大半个中国，屡遭贬谪，却能"达则兼济天下，穷则独善其身"，可谓"一蓑烟雨任平生"。

苏轼胸襟开阔，既能超然物外，又能自强不息，其高尚的品德，极具感召力，令人叹为观止。

苏轼是北宋眉山人，就是现在的四川眉山。苏轼的父亲苏洵，就是《三字经》里提到的"二十七，始发奋"的"苏老泉"。苏洵发奋虽晚，但用功甚勤。苏轼少年时代，就深受其父儒家思想的濡染，怀有经世济民，致君尧舜的抱负和积极入世的精神。

苏轼怀有儒家"奋厉有当世志"，同时也接受了道、佛思想的熏染。其父苏洵和云门宗圆通居讷关系密切，苏轼少年在蜀中时就同成都大雅大师惟度、宝月大师惟简郊游。

正是基于胸怀天下、兼收并蓄的可贵之处，加之勤奋好学、扎实严谨，苏轼的各方面才能日渐累积。

功夫不负有心人。1056 年，21 岁的苏轼跟随父亲披坚执锐、夺关斩将，

在吏部考试中以 600 字的《刑赏忠厚之至论》赢得第二。随后又顺利通过所有考试，进士及第。当时文坛领袖欧阳修赞誉说：

此人可谓善读书、善用书，他日文章必独步天下。

苏轼 30 岁时还京，差判登闻鼓院，又授直史馆。当时正值王安石变法，苏轼也有志于改变北宋时期积贫积弱的现状，但反对"求知过急"，结果引起革新派的排挤。为远身避祸，苏轼要求外任。

他先后出任杭州通判，密州、徐州、湖州知州。八九年间，苏轼虽辗转迁徙，但每到一处都兴修水利，赈济灾民，减免租税，体察民间疾苦，可谓勤政爱民，尽心职守。

在这期间，苏轼的作品无论在内容上，还是在艺术方面都有了进一步的提升。他笔下的西湖多姿多彩，波光粼粼的晴天那么美妙，就是蒙蒙雨雾中的西湖都那么动人："水光潋滟晴方好，山色空蒙雨亦奇。欲把西湖比西子，淡妆浓抹总相宜。"

苏轼在密州写的最著名的作品莫过于《江城子·密州出猎》《水调歌头·丙辰中秋》等。

《江城子·密州出猎》写道：

老夫聊发少年狂，左牵黄，

右擎苍，锦帽貂裘，千骑卷平冈。

为报倾城随太守，亲射虎，看孙郎。

酒酣胸袒尚开张。鬓微霜，又何妨！

持节云中，何日遣冯唐？

会挽雕弓如满月，西北望，射天狼。

此作是千古传诵的苏轼"豪放派"代表词作之一。词中写出猎之行，抒兴国安邦之志，拓展了词境，提高了词品，扩大了词的题材范围，为词的创作开创了崭新的道路。

作品融叙事、言志、用典为一体，调动各种艺术手段形成豪放风格，多角度、多层次地从行动和心理上表现了作者宝刀未老、志在千里的英风与豪气。

同时，这首词既表现了诗人跃马扬鞭、叱咤风云的英雄气概，也抒发了他要报效祖国、建功立业的志向，爱国激情，慷慨激昂。

《水调歌头·丙辰中秋》写道："明月几时有？把酒问青天。不知天上宫阙，今夕是何年。我欲乘风归去，又恐琼楼玉宇，高处不胜寒。起舞弄清影，何似在人间？

"转朱阁，低绮户，照无眠。不应有恨，何事长向别时圆？人有悲欢离合，月有阴晴圆缺，此事古难全。但愿人长久，千里共婵娟。"

此篇构思奇拔，蹊径独辟，情韵兼胜，境界壮美，极富浪漫主义色彩，是历来公认的中秋词中的绝唱。此词全篇皆是佳句，典型地体现出苏轼词作清雄旷达的风格。

诗词文赋造就了苏轼的伟大，也带来了灾祸。1079年，苏轼刚调任湖州不久就因"乌台诗案"再次被贬黄州。

在当时，苏轼因为反对新法，并在自己的诗文中表露了对新政的不满。由于他当时是文坛的领袖，可以任由诗词在社会上传播，这对新政的推行很不利。所以在宋神宗的默许下，苏轼被抓进乌台，每天被逼要交代他以前写的诗的由来和词句中典故的出处。而苏轼对大部分指控并不掩饰，都坦白承认在诗中批评新政。

由于北宋时期当时有不杀士大夫的惯例，所以苏轼免于一死，但被贬为黄州团练副使。面对新的打击，如何平衡儒家思想和佛老思想在他世界观中的矛盾呢？苏轼开始以超然的态度重新审视现实和自己。

苏轼虽然在政治上屡受挫折，但却始终没有走向消极颓废。在困顿的黄州期间，他不仅没有忘记承担人生的责任和义务，而且适时地调整了生活方式，成功地实现了人生价值，人生追求的蜕变。

在黄州期间，刚开始时由于政治上的失意，苏轼的心灵受到极大创伤，对官场产生了厌倦情绪。他感到苦闷，失意，找不到出路，他开始逃避现实。这种心态流露在他的许多诗文当中。

他在《初到黄州》中写道：

> 自笑平生为口忙，老来事业转荒唐。
>
> 长江绕郭知鱼美，好竹连山觉笋香。
>
> 逐客不妨员外置，诗人例作水曹郎。
>
> 只惭无补丝毫事，尚费官家压酒囊。

在这首诗中，诗人自嘲之意溢于言表，他因自己的获罪而对仕途失去了信心，进而产生了归隐之念。深受《庄子》影响，而且喜好和僧道来往的苏轼，开始全身心的投入禅道。

苏轼在与僧道友人的交往中，思想得到了清静。在贬谪后的相当长的一段时间内，他借佛门清静地来排遣自己政治上的苦闷，修养性情。苏轼所追求的正是老庄所提倡的随缘自足，超然物外。

佛老思想在一定程度上修复了他心灵上的创伤，使他以更充沛的精力，更深刻的思索来认识人生的意义。

与此同时，苏轼少年时所受的教育，儒家深厚的思想修养，仍然使他在贬谪之地心系国家。尽管他想获得解脱，但由于他所受到的深厚的儒家思想教育，他无法弃国家民族于不顾，他心心念念的依然是为国尽忠、为国效力。

苏轼一贬再贬，他的精神始终没有颓废，更与他开阔的胸襟，深厚的修养分不开。特别是在黄州与下层人民亲密接触以后，他更多地了解了民生疾苦，对人民的苦痛有切肤的感受。

苏轼曾经在《前赤壁赋》中这样写道："清风徐来，水波不兴。举酒属客，诵明月之诗，歌窈窕之章。少焉，月出于东山之上，徘徊于斗牛之间。白露横江，水光接天。纵一苇之所如，凌万顷之茫然。浩浩乎如冯虚御风，而不知其所止；飘飘乎如遗世独立，羽化而登仙……"

虽然"飘飘乎如遗世独立，羽化而登仙"，心旷神怡，然而，苏轼毕竟是苏轼，他怎能忘却人世的苦恼，怎能忽略曹孟德当年"破荆州，下江陵，舳舻千里，旌旗蔽空""固一世之雄"的威风？这是一颗炽热的心，在为国家、为人民，也为自己的雄心壮志而流泪和滴血。正是在这样的思想的支配下，苏轼以超乎寻常的热情去关注社会问题。

如当他听说黄鄂间农民因贫穷而溺婴的消息后，"闻之酸辛，为食不下"，连忙写信给朱寿昌太守要求革除陋习；当地瘟疫流行，他又向巢谷苦求圣散子药方，"合此药散之，所活不可胜数"，他以自己的宽厚、仁爱，博得了黄州人民永久的怀念。

这一时期，佛老思想和儒家的勤政爱民主张在苏轼身上得到了集中体现。这种思想的矛盾可以从他的多部作品中找到痕迹。

比如在《念奴娇·赤壁怀古》中写道："大江东去，浪淘尽，千古风流人物。故垒西边，人道是，三国周郎赤壁。乱石穿空，惊涛拍岸，卷起千堆雪。江山如画，一时多少豪杰。

"遥想公瑾当年，小乔初嫁了，雄姿英发。羽扇纶巾，谈笑间，樯橹灰飞烟灭。故国神游，多情应笑我，早生华发。人生如梦，一尊还酹江月。"

词中既有对历史人物的怀念，又抒发了自己的报国之志，同时流露出功业难成的惆怅。全词即景抒情，怀古伤今，咏史写人，苍凉悲壮、气势磅礴，卓然成为开"豪放"一派词风的"千古绝唱"。

黄州谪居时期，是苏轼的人生观、价值观发生重大转变时期。他的人生追求得到了实现，不仅创作到了辉煌时期，人格精神也得到了升华，形成了自己独特的人生追求，既超然物外而又自强不息。

苏轼人生追求的实现，源于他在不断克服人生坎坷与磨难中形成的自强不息的品质，以及宁愿忍受苦难，甘当黄州贬官而不忘忠君爱国忧民的厚德载物的胸怀。

苏轼曾经在《晁错论》中说过，"古人立大事者，不唯有超世之才，亦必有坚忍不拔之志。"读懂了苏轼，就读懂了"天行健，君子以自强不息；地势坤，君子以厚德载物"。

八佾舞于庭

孔子谓季氏①："八佾②舞于庭，是可忍③也，孰不可忍也？"

三家④者以《雍》⑤彻，子曰："'相维辟公，天子穆穆⑥'，奚取于三家之堂？"

【注释】

①季氏：鲁国正卿季孙氏，即季平子。

②八佾：古代奏乐舞蹈行列的意思。古时一佾八人，八佾就是六十四人，据《周礼》规定，只有周天子才可以使用八佾，诸侯为六佾，卿大夫为四佾，士用二佾。季氏是正卿，只能用四佾。

③可忍：可以容忍。

④三家：鲁国当政的三家：孟孙氏、叔孙氏、季孙氏。他们都是鲁桓公的后代，称"三桓"。

⑤《雍》：《经·周颂》中的一篇。古代天子祭宗庙完毕撤去祭品时唱的诗。

⑥相维辟公，天子穆穆：《雍》诗中的两句。相，助祭者。维，语助词，无意义。辟公，指诸侯。穆穆，庄严肃穆。

【解释】

孔子谈到季氏，说："他用六十四人在自己的庭院中奏乐起舞，这样的事都可以容忍，还有什么事不可以容忍的呢？"

孟孙氏、叔孙氏、季孙氏三家在祭祖完毕撤去祭品时，也命乐工唱《雍》这篇诗。孔子说："《雍》诗里说：'助祭的是诸侯，天子严肃静穆地在那里主祭。'这样的礼仪，怎么能用在你三家的庙堂里呢？"

【故事】

李密牛角挂书志向大

李密少年时候，曾被派在隋炀帝的宫廷里当侍卫。后来隋炀帝认为他不大老实，就免了他的差使。李密并不懊丧，回家以后，发愤读书，决定做个有学问的人。

有一回，李密骑了一条牛，出门看朋友。在路上，他把《汉书》挂在牛角上，抓紧时间读书。正好当时宰相杨素坐着马车在后面赶上来，看到前面有个少年在牛背上读书，暗暗奇怪。

杨素在车上招呼说："哪个书生，这么用功啊？"

李密回过头来一看，认出是宰相，赶忙跳下牛背，向杨素作了一个揖，报了自己的名字。

杨素问他说："你在看什么？"

李密回答说："我在读项羽的传记。"

杨素跟李密亲切地谈了一阵，觉得这个少年人很有抱负。回家以后，杨素跟他儿子杨玄感说："我看李密这孩子的学识、才能，比你们几个兄弟强得多。将来你们有什么紧要的事，可以找他商量。"

打那以后，杨玄感就跟李密交上了朋友。

徐光启融汇中西文化

明代不仅出现了资本主义的萌芽，西方先进科技也开始传入我国，这在历史上被称为"西学东渐"。在这个过程中，我国学者苦苦求索，致力于研究和介绍西学，推动了中西文化的融汇与交流。在这些人当中，明代科学家徐光启，可以说是一个最具代表性的人物。

徐光启将中西文化交流确定为自己的人生道路，在科学的险径上艰难攀登，殚精竭虑，鞠躬尽瘁，是一位献身科学的伟人。

徐光启幼年时，由于家境贫困，他的祖母、母亲无论寒冬酷暑，日夜纺织不辍，以维持生计。连他的父亲也不得不下田耕作，以图自给。

那时，读书人都是走的科举的路子，徐光启也不例外。1581年，20岁的徐光启考取了金山卫的秀才。32岁那年，他应他人之邀远行广东韶州教授家馆，开始了"经行万里"的旅程。

徐光启南行之际，西方传教士已经叩开我国的大门，在我国的南方进行宣扬基督教的活动，因此他同西方传教士有了初步的接触。

利玛窦是最早深入我国内地传教并取得成功的耶稣会士。他于1582年抵达澳门，第二年到端州。在此地利玛窦潜心学习汉语，钻研《六经子史》等书。后行迹遍至肇庆、韶州、南昌、南京等地。徐光启在韶州教书期间，一次偶然到城西的教堂，没有见到已经北上的利玛窦，却与接替利玛窦主持堂务的郭居静谈得很融洽。

这是徐光启与西方传教士的第一次直接接触，萌生了对传教士和西学的好感，由此开启了与传教士长期合作共事的先河。

1597年春天，徐光启远上北京，参加顺天府的乡试。这次他不但考中了，而且还被取了头名解元，名声大震。中举之后，徐光启留在京师等候会试，但未能考中，于是离京返乡。

徐光启回到家乡继续以教书为业，同时更加刻苦地读书学习。因为事先看到了利玛窦在肇庆绘制的《山海舆地图》，对上面提供的经纬度、赤道、五带等地球知识饶有兴趣，又仰慕利玛窦的学识和为人，便于1600年到南京拜访了利玛窦，聆听他的议论，对他的博学多识留下深刻的印象。

1603年的秋天，徐光启再往南京访利玛窦，因后者居留北京不遇，遂与主持南京教堂的郭居静、罗如望两人晤谈。此后，他读了利玛窦著的《天学实义》《天主教要》等传教著作，听罗如望讲了《十诫》等天主教的基本教义，观看了宗教仪式，决意受洗入教，并取了教名"保禄"。

西方传教士传授的科学知识对历来学主实用的徐光启也产生了极大的吸引力，他觉得入教或许对学习和掌握西方科学技术知识能有所裨益。徐光启入教以后，开始了与传教士合作翻译西书，把西学介绍到我国的事业。

1604年春，徐光启再度赴京参加会试，终于考中进士，并被考选为翰林院庶吉士，进入翰林院学习，成为朝廷着意培养的高级人才。

就读翰林院期间，徐光启为了集中精力攻读实用之学，放弃了对诗词书法的爱好，专心致志地研习天

文、兵法、农事、水利、工艺、数学等自然科学。

徐光启仍然继续与客居北京的利玛窦交往甚密。他时常布衣徒步，前往利玛窦邸舍问学。在徐光启的请求下，从 1605 年至 1606 年间开始，两人便开始合译西方数学的经典著作，即欧几里得的《几何原本》。

之所以首选《几何原本》进行翻译，徐光启认为，《几何原本》又是数学的本原。其中的公理虽不以直接以具体事物为对象，但它所蕴含的道理却是一切科学技术必须遵循的。

徐光启为翻译《几何原本》付出了艰巨的劳动。他每天下午三四点钟就要前往利玛窦的寓所，由利玛窦口授，他负责笔录。翻译中反复推敲，务求译文准确，文通字顺。

经过前后 3 次修订，终于译成了《几何原本》前 6 卷。即使按今天的标准看，这次翻译也是非常成功的。徐光启在译书过程中创立的一套几何术语，如点、线、面、直角、四边形、平行线、相似、外切等，一直被沿用下来。

《几何原本》译毕，徐光启又与利玛窦用同样的方式译出了《测量法义》初稿。徐光启历来重视水利，这时也向利玛窦询问西方水利设施和器械的情况，并从中受到启发。

1607 年 4 月，徐光启结束了翰林院为期 3 年的学习，授官翰林院检讨，掌修国史。5 月，其父病逝，徐光启按惯例归籍守制，回到上海。

守制期间，徐光启仍致力于科学研究和农学试验，他把已经译成的《测量法义》加以整理，删削定稿。随后，又相继撰成《测量异同》和《勾股义》。这 3 部书，都是对《几何原本》的发挥和应用。

在这几种书里，徐光启运用西方几何学的原理，对传统数学的经典著作《周髀算经》《九章算术》进行整理，初步揭示了传统数学作为经验型科学的本质特征，并由此萌生了创立"有理、有义、有法、有数"的科学体系的强烈愿望。

在此前后，徐光启还帮助李之藻把根据克拉维《实用算术纲要》翻译的《同文算指》整理成书。这些西方科学的成果，在生产实践中可以发挥作用，产生效能。

1610 年 10 月，徐光启守制期满回到北京，恢复翰林院检讨原职。此前，徐光启曾经计划与利玛窦共译《泰西水法》，但当他回到北京时，利玛窦已于当年 4 月去世，因而改请传教士熊三拔口授。

这次翻译没有采取照本直译的做法，而是结合我国已有的水利工具，只选译其中比较实用和确实先进的部分，一边译书一边试验，把制器和试验的方法与结果都记录下来。此书具有极强的实用性和可操作性，对发展农田水利事业很有指导意义。

以徐光启翻译《几何原本》为发端，在明代晚期的学术界翻译西方科学书籍成为一时盛事。较有代表性的还有焦勖译《火攻挈要》王征译《远西奇器图说》等书。此外，当时还译介了一批欧洲宗教、哲学、逻辑学、语言学等方面的书籍。

自唐代大规模翻译佛经以来，这是中外文化交流史上的第二次译书高潮，而此次译书涉及的领域之广，科学意义之大，又是第一次译书高潮无法比拟的。它在较高的层次上实现了我国和欧洲两大文化体系的融汇与交流，使我国文化初步纳入了世界文化发展的体系，为我国科学文化的发展注入新的活力与生机。

徐光启运用西方科技解释农业生产，把传统农学理论进一步系统化，有相当高的水平。如他的《农政全书》，就是他收集积累了大量第一手材料，总结了许多珍贵经验编纂而成的。他对这部鸿篇巨制倾注了大量的心血，集中反映了他对农业和农学的巨大贡献，代表了我国古代农业科学发展的最高水平。

此外，徐光启还领导了修改历法的工作。他很早便潜心学习和研究天文学，这也是他贯通中西文化的重要方面。他不但对西方天文仪器的构造、原理、用途有了充分的知识，甚至对西方测天的方法和理论，也进行了深入的研究。在礼部奏请开设历局，修改明代初期开始推行的《大统历》。

徐光启把翻译西方天文学著作当作修历的第一个必需的步骤。那时传到我国的西方天文学著作虽然卷帙浩繁，他有针对性地提出，要有选择地组织翻译，要区别轻重缓急，首先选译那些最基本的东西，循序渐进。在内容上要包括欧洲天文学的理论、计算和测算方法、测量仪器、数学基础知识以及天文表、辅助用表等的介绍、编算等。

徐光启本人也积极投入了翻译工作，他参与编译的著作就有《测天约说》《大测》《元史揆日订讹》《通率立成表》《散表》《历指》《测量全义》《比例规解》《日躔表》等。

作为修历的组织者和领导者，徐光启的眼光并没有停留在译成一批西方天文学著作上。他的心愿是编成一部融汇中西历法优点，达到当时最高科学水准的历书。为了实现这个理想，徐光启对历书的结构做了精心的策划，创造性地提出整部历书要分为节次六目和基本五目。

节次六目是《日躔历》《恒星历》《月离历》《日月交食历》《五纬星历》《五星交会历》。这 6 种书由易到难，前后呼应，研讨天体运动的规律，介绍测算天体运动的方法。

基本五目包括"法原""法数""法算""法器"和"会通"，是整部历书的五大纲目。法原是天文学的基本理论，包括球面天文学原理。前述节次六目即属于法原的范围。法数是天文表。法算是三角学和几何学等天文学计算中必需的数学知识。法器是天文仪器。会通是旧法和西法的度量单位换算表。

基本五目包容了有关天文历算的全部重要知识。在他主持下，《崇祯历书》46 种，134 卷已基本完稿（后经李天经定稿，有所增删，计 45 种，137 卷）。

可以说，没有徐光启的全力支撑，历局工作顺利进展将是不可想象的。

徐光启生活的时代，正是我国封建社会的末世。他清白自守，淡于名利，把全部聪明才智倾注于科学研究事业，贯通中西方科学上，对祖国科学发展做出了杰出的贡献。

徐霞客志在远游探险

在明末清初科技发展过程中，杰出的地理学家、旅行家和探险家徐霞客，以自己的方式诠释了儒家自强不息精神的巨大力量。他一生志在四方，不避风雨虎狼，与长风云雾为伴，以野果充饥，以清泉解渴，出生入死。他的探险精神深深地影响了后世。被称为"千古奇人"。

徐霞客，名徐弘祖，霞客是他的别号，江苏江阴人。他从小就爱读历史、地理一类书籍和图册。在私塾读书的时候，老师督促他读儒家经书，他往往背着老师，把书放在经书下面偷看，看到出神的时候，禁不住眉飞色舞。

徐霞客10多岁时父亲去世了，他决心亲自到名山大川去游历考察一番。但是他想到母亲年纪老了，家里没人照顾，没敢提这件事。

他的心事毕竟被母亲觉察到了。当母亲了解到他有这样的愿望，跟他说："男儿志在四方，哪能为了我留在家里，做篱笆下的小鸡、马圈里的小马呢！"母亲为他准备行装，还给他缝制了一顶远游冠。有了母亲的热情支持，徐霞客远游的决心更坚定了。

徐霞客在他22岁那年，开始离家外出游历。临行前，他头戴母亲为他做的远游冠，肩挑简单的行李，就离开了家乡。他先后游历了太湖、洞庭山、天台山、雁荡山、泰山、武夷山和北方的五台山、恒山等名山。

每次游历回家，他跟亲友谈起各地的奇风异俗和游历中的惊险情景，别人都吓得说不出话来，他母亲却听得津津有味。

徐霞客的身体很好，了解他的人都称他"身健似牛，轻捷如猿"。

正因如此，每逢登山，即使没有通向山顶的路径，他也能毫不费力地攀缘上去；每逢渡河，即使不由津口，他也能从容不迫地泳渡到彼岸；每逢探迹洞穴，即使坎坷曲折，他也能像轻猿系挂高枝、长蛇贴附岩壁那样深入洞内，查清各个洞的出口。他日行百里以后，还能在夜间把当天观察所得记录下来。

在探索大自然的奥秘过程中，他经历了无数次艰辛。在最初远游的日子里，他曾失足落水而差点丧了性命。登峭壁悬崖，苔滑、多险，多次陷于绝境。

八佾舞于庭

徐霞客28岁那年，来到温州攀登雁荡山。他想起古书上说的雁荡山顶有个大湖，就决定爬到山顶去看看。当他艰难地爬到山顶时，只见山脊笔直，简直无处下脚，怎么能有湖呢？可是，徐霞客仍不肯罢休，继续前行到一个大悬崖，路没有了。

他仔细观察悬崖，发现下面有个小小的平台，就用一条长长的布带子系在悬崖顶上的一块岩石上，然后抓住布带子悬空而下，到了小平台上才发现下面斗深百丈，无法下去。

他只好抓住布带，脚蹬悬崖，吃力地往上爬，准备爬回崖顶。爬着爬着，带子断了，幸好他机敏地抓住了一块突出的岩石，不然就会掉下深渊，粉身碎骨。他把断了的带子接起来，又费力地向上攀登，终于爬上了崖顶。

还有一次，他去黄山考察，途中遇到大雪。当地人告诉他有些地方积雪有齐腰深，看不到登山的路，无法上去。徐霞客没有被吓住，他挂了一根铁杖探路，上到半山腰，山势越来越陡。

山坡背阴的地方最难攀登，路上结成坚冰，又陡又滑，脚踩上去，就滑下来。徐霞客就用铁杖在冰上凿坑，脚踩着坑一步一步地缓慢攀登，终于爬了上去。

山上的僧人看到他都十分惊奇，因为他们被大雪困在山上已经好几个月了。

他还走过福建武夷山的 3 条险径：大王峰的百丈危梯，白云岩的千仞绝壁和接笋峰的"鸡胸""龙脊"。在他登上大王峰时，已是日头将落，下山寻路不得，他就用手抓住攀悬的荆棘，"乱坠而下"。

他在中岳嵩山时，从太室绝顶上也是顺着山峡往下悬溜下来的。徐霞客在腾越经过一座高耸的山峰，发现悬崖上有一个岩洞，根本没路可通。他冒着生命危险，像猿猴一样爬上了悬崖，终于到达了洞口。

他游潇水发源处的三分石，岭地峻峭，没有落脚的地方，他便两手攀着丛竹，悬空前进，这样攀行很长一段路，直至天黑时才到达一个较平坦的地段。由于无水，晚饭也做不成，只有烧柴围火休息。后来风雨交加，连火也熄灭了，通宵就这样在旷野的风雨和黑暗中度过。

到了贵州、云南的多雨地区，他常淋着雨跋涉在高山深谷之中，夜晚借宿，有时就睡在牲畜的旁边。

在云南腾冲时，为了采集悬崖上的一种藤本植物，在无计可施的情况下，回到寓所，然后和挑夫一道，拿起斧子和绳索造了一架临时梯子后前往，终于得到了这种未曾见过的植物。

他在湖南茶陵，听说当地有个麻叶洞，洞里有神龙或者精怪，没有法术的人，都不敢进洞。徐霞客不信神怪，他出了高价雇个当地人当向导，进洞考察。

正要进洞的时候，向导问他是什么人，当他知道徐霞客是个普通读书人的时候，向导吓得直往后退，说："我以为您是什么法师，才敢跟您一起进洞，原来是个读书人，我才不冒这个险呢！"

徐霞客并不罢休，带着他的仆人举起火把进洞。村里的百姓听到有人进洞，都拥到洞口来看热闹。徐霞客在洞里考察了很久，直至火把快用完才出来。

围在洞口的百姓看他们安全出洞，都十分惊奇地说："等了好久，以为你俩一定给妖精吃了呢！"

徐霞客在游历考察过程中，曾经3次遭遇强盗，4次绝粮。湘江遇盗，跳水脱险的事，发生在1636年他51岁时的第四次出游中。

这次出游，他计划考察湖南、湖北、广西、贵州、云南等地。出游不久，就在湘江遇到强盗，他的一个同伴受伤，行李、旅费被洗劫一空，人也险些丧命。

在当时，有人劝徐霞客不如回去，并要资助他回乡的路费，但他却坚定地说道：

我带着一把铁锹来，什么地方不可以埋我的尸骨呀！

徐霞客继续顽强地向前走去。没有粮食了，他就用身上带的绸巾去换几竹筒米；没有旅费了，就用身上穿的夹衣、袜子、裤子去换几个钱。重重的困难被踩在脚下，他终于达到了自己的目的。

在远游四方的数十年中，他不避艰险，步行数万里，到过 16 个省、3 个市。所到之处，对地貌、地形、地质、水文、气候、植物都做了深入细致的调查。他登山一定要登最高峰，下海一定要到海底，钻洞一定要钻到最深处，找水一定要找到源头。

徐霞客在野外考察生活中，每天不管多么劳累，都要把当天的经历和观察记录下来。如对长江源头的考察，纠正了"岷江导江"的说法。他北历三秦，南及五岭，西出石门、金沙江，终于弄清了长江的上游不是岷江，而是金沙江。他曾考察过 101 个岩洞。如对七星岩的考察，做出了详细的记录，其记录和今人对七星岩实测的结果完全一致。

有时跋涉百余里，晚上寄居在荒村野寺之中，或露宿在残垣老树之下，他也要点起油灯，燃起篝火，坚持写游历日记，为后人留下了珍贵的地理考察记录。

可惜的是，日记大部分已经散失，现存的《徐霞客游记》，仅是其中的一小部分。但这仅存的 40 万字的《徐霞客游记》，仍然向后人展现了他广阔范围的考察纪实，特别是边远地区的地理风貌。

《徐霞客游记》是徐霞客在人类科学史上的贡献，是宝贵的文化财富。人们称这本游记是"世界真文字、大文字、奇文字"。

徐霞客的一生大都是在远游中度过的，直至 56 岁，他积劳成疾，双脚不能走路，才被人用轿从云南送回家乡。

究竟是什么力量驱使他不辞劳苦，不顾生命安危地旅行、考察、采标本、写日记呢？这力量来自于他内心对名山大川真实面貌了解的渴望。他在生命的最后一刻，还在不停地研究放在病榻前的矿石标本。

徐霞客给后人留下的不仅仅是一部游记，他为探索大自然奥秘而舍安逸、忘生死、求索攻坚的精神，永远激励着后人。

康熙推动西学东渐

明清两代的"西学东渐"之风，不仅激励了科学工作者上下求索，积极实践，也让康熙帝这样的一代帝王热衷于科研。在古代众多的帝王中，康熙帝是一位认真学习过西方科学的皇帝。

康熙帝是清代第四位皇帝、清定都北京后第二位皇帝。作为一个少数民族政权的帝王，他能够学习西方先进科技，不仅对当时西方科学在我国的传播起到了巨大的推动作用；从另一个意义上讲，也是少数民族融入中原汉文化的一个绝好例证。其实，这也从一个侧面证明了儒家自强不息精神的伟力。

1668 年 7 月 25 日，山东莒县、郯城间发生 8.5 级特大地震，声若轰雷，河水横溢，城垣民房倒塌一空。当时的最有影响的来华传教士南怀仁预测到了这次地震，他抓住这次机会，将验证结果报告给了当时尚未亲政的少年皇帝康熙手上。

此时的康熙帝才 15 岁，接了这个案子以后，也不知道谁对谁错。为了明断是非，康熙帝特地下令南怀仁到午门广场，当着文武百官的面，用自己的测算方法，测算正午时间日晷表上所显示出日影的长度。结果南怀仁的计算准确无误。

从这件事情上，康熙帝感受到了西洋科学的合理性，并毅然打破国籍的限制，任命南怀仁为钦天监监副，全权主管钦天监，把掌管天文历法方面的大权完全交给了这个知识丰富的外国人手里。

天文数学的精确与神奇，激发了康熙帝的好奇心，促使他对自然科学产生了浓厚的兴趣。一有余暇，就学习自然科学知识，力求把握其中的原理。

康熙帝早就对我国历史、文学有相当的鉴赏能力，又喜欢美术，推崇程朱理学。在天文、历史、数学方面也有比较好的基础。因此，当他接触西方科学的时候，态度是积极的，而且自己也渴望学习这些知识。

康熙学习勤奋，对于政务也丝毫不懈怠，没有一天误了上朝。他并不只认死理，总是把所学的知识付之于实践，学习得很开心。例如，给他讲固体的成分时，他就会拿起一个球，精确地称出它的重量，测出它的直径。然后，他又算出同样材料，直径不同的另一个球的重量，或者算出另一个比较大的或比较小的球的直径该是多少。

有时候打算用几何方法测量距离、山的高度、河流和池塘的宽度。他自己定位，调整各种形式的仪器，精确地计算。然后他再让别人测量距离，当他看到他计算的结果和别人测量的数据相符合，他就十分高兴。

法国传教士白晋在他所著的《康熙大帝》一书中这样写道：

八佾舞于庭

在五六个月的时间里，康熙已经掌握了几何学，能够随时说出他所画的几何图形的定理及其证明过程。他对我们说，《几何原本》他至少读了20遍。

法国传教士洪若翰致拉雪兹神父的信中有这样一段描述："康熙帝在将近5年

的学习过程中，始终十分勤奋，而且对于政务也没一丝的耽误。他一直注意学用结合。例如在给他讲固体的成分时，他就会拿起一个球体，精确地称出它的重量，测出它的直径。"

康熙帝早年从南怀仁学习欧几里得几何学，每天听讲，孜孜不倦。后来又学习测量、天文、物理和医学。在宫中设置了研究化学和药学的实验室。

南怀仁去世后，康熙帝又请耶稣会传教士白晋和张诚在内廷讲学。在讲授之前，先令他们学好满文和汉文，而康熙帝自己却不学外文。

传教士讲授的学科有测量、数学、天文、解剖学和哲学等。张诚在到北京的第三年将几何、三角和天文方面的书籍译成汉文和满文印出，作为教科书和供皇帝阅读之用。这时康熙皇帝已经30多岁了，但学习的劲头依然很高。

康熙帝早年经常到京城的观象台观测天象，并准确地计算出某日某时日晷表上所显示的日影的位置，指出钦天监在天文推算中的错误。

康熙帝的数学水平，已经达到了对当时的学术成就进行准确评判的程度。1689 年，清代初期大数学家梅文鼎写了《历算疑问》一书，呈送到宫中。经过一番仔细研究，康熙帝对这本数学专著得出了"所呈书甚细心，且议论亦公平，此人用力深矣"的结论，他认为书写得很细心，观点也公平。

康熙帝对西方地理学也很关注。明代末期意大利传教士利玛窦为中国绘制的世界地图，艾儒略写的《坤舆图论》《职方外纪》等书，都曾是康熙学习世界地理的教材。后来南怀仁又撰写了《坤舆外纪》，对西方地理及地理学做了进一步的介绍。

康熙帝离开北京，前往黄河三门峡、内蒙古乌梁素海等地，每到一处，都留心学习地理方面的知识，努力做到理论和实际有机地结合起来。在黄河、淮河、运河交口的大堤上，他总是指着东流的河水，耐心地向当地负责管理水利的官员讲解如何计算水的流量。

他说："你可以先量水闸口的宽度，计算出一秒钟的流量，然后再乘上一昼夜的时间长度，河水的流量就算出来了。"

西方医学也是康熙帝非常感兴趣的一个科目。1693 年，康熙帝患疟疾，传教士张诚、白晋等献上从法国带来的奎宁，使他很快恢复了健康。从这时候起，康熙对西方医学的兴趣就更加浓厚了。

他令法国传教士巴多明把法国皮理著的《人体解剖学》翻译成满文。传教士罗怀忠精通外科，康熙帝任命他为内廷行走，可以在内宫自由出入。另外，他还任命罗得先、安泰为随从医生。

康熙帝受到欧洲传教士的影响，为了培养自己的高级人才，在京西的畅春园，设立了蒙养斋算学馆。康熙帝让大臣们从全国各地推荐年轻的科技人才，到蒙养斋学习深造。他还经常提出要以欧洲的、其中包括巴黎制造的各种艺术作品为样品，鼓励工匠与他们竞赛。

康熙帝创建的蒙养斋算学馆是 18 世纪我国诞生杰出数学家的摇篮。大数学家梅珏成、明安图等都是蒙养斋算学馆培养出来的。

康熙帝聘请传教士任算学馆教师，要求他们讲授当时已传入中国的西方数学，并要他们翻译编辑了《欧几里得几何原本》《比例规解》等 10 多部满汉文数学书籍。这些书籍都收录在康熙钦定的《古今图书集成》。

代数在当时被称作"借根方算法"，又称"阿尔热巴拉"，康熙帝作为历史上最早接受西方代数学的帝王，曾多次向大臣们谈及"阿尔热巴拉"，而且还亲自到蒙养斋授课。

经过多年的人才培养和科技实践的经验积累，康熙帝终于在晚年组织了两项重大的全国性科技工程。

康熙帝曾经见到一幅亚洲地图，图中关于清朝满洲地区的地理知识相当缺乏，便有开展测绘工作的打算。后来他从广州购入仪器，每到东北和江南各地巡视的时候，就命随行的外国传教士先测定经纬度。他命耶稣会传教士先测京师附近地图，由他亲自校勘，认为远胜旧图，才下令由中、西两方人员组成测绘队进行全国地图的测绘。

全国地图的正式测绘是从 1708 开始的，由法国传教士白晋、雷孝思和杜德美等人率领。先从长城测起，然后测北直隶，再测满洲地区。

为了加快速度，康熙帝于 1711 年命增添人员，分两队进行。因此关内 10 余省，包括西南、西北广大地区，约用 5 年时间先后完成。

1718 年，一份具有相当水平的《皇舆全图》终于绘成了。这是一件了不起的大事。当时欧洲各国的大地测量，有的尚未开始，有的虽已开始，也未完成，而我国在 18 世纪初期完成了全国性的三角测量，走在了世界各国的前列。

康熙帝亲自领导的全国大地测量，有两件事是非常有意义的：

第一，是尺度的规定。康熙为了统一在测量中所使用的长度单位，规定以 200 里合地球经线 1 度，每里 1800 尺，因此每尺的长度就等于经线的 1% 秒。这种以地球的形体来定尺度的方法是世界最早的，法国在 18 世纪末才以赤道之长来定米制的长度。

第二，是发现经线 1 度的长距不等。1702 年实测过中经线上由霸州到交河的直线长度，以后在 1710 年又在北方边境地区实测北纬 41 度至 47 度间的每度直线距离。

这些测量都可以得出纬度越高，每度经线的直线距离越长的结论。如北纬 47 度比 41 度处测得的每度经线的长度大 258 尺。这是过去的测量中从未得到的结果。

这是世界科学史上一件值得纪念的大事，所取得的成就，在当时世界上可以说是第一流的。英国著名科学家李约瑟博士认为：

它不但是亚洲当时所有的地图中最好的一幅，而且比当时的西欧各国所有地图都更好，更精确。

康熙帝不仅是我国统一的多民族国家的捍卫者，开创出康乾盛世的大局面，他学习西洋科学的这段历史，更向我们展示了我国科技史与中西交流史上明丽的一页。由此体现的中华民族自强不息精神，更反映了儒家文化的伟大的感召力。

容闳赤心报国而求学

在明清时期资本主义萌芽和"西学东渐"等进步思潮的影响下，一批有识之士从长远发展的角度出发，把国内优秀青年派往国外留学，学习他人之长，增中华国力，表现出超凡的战略眼光。被誉为"中国留学生之父"的容闳就是这样的人。显而易见，这是儒家刚健有为、自强不息精神的又一体现。

容闳是近代早期改良主义者，他所倡导的留学教育影响了一代又一代的青年，而这一代代青年又深深地影响了我国历史的进程。

容闳的家乡在今广东省珠海市的南屏镇，即现在的珠海市南屏镇，和澳门仅一水之隔。年仅 7 岁的容闳被送到了澳门一家由澳门英人古特拉富夫人主持的教会小学念书，后又在美国人塞缪尔·布朗办的马礼逊学堂读书。

1847 年，容闳因为家境困难，为了求生，他志愿随布朗夫妇到美国，进入马萨诸塞州的孟松学校学习。两年后，他考取了著名的耶鲁大学，成为该校第一个中国学生。

容闳在耶鲁大学读书时，刻苦钻研，经常攻读到深夜。经过努力，他的成绩优异，多次夺得英文论文的首奖，蜚声于校园内外。

容闳的兴趣广泛，选修了多门学科，学识的增长，使他看到西方的先进科学技术和资产阶级民主精神，也看清了当时祖国的落后，忧国忧民之心与日俱增。

1854年，容闳以优异成绩毕业于耶鲁大学。美方不止一次地用优厚的待遇诱劝他留下来，但丝毫动摇不了他的爱国之心，他要把知识献给祖国，要"以西方之学术，灌输于祖国，使中国日趋于文明富强之境"。

然而，回到祖国的容闳，并未受清代朝廷的重用。为了生计容闳只好到处奔波，寻找工作。他在海关当过翻译，在洋行里当过书记员。他虽然得到了温饱，但总感到自己报国无门。

在这期间，他曾拜会太平天国的干王洪仁玕，向干王提出关于建设军队、政府、银行、学校等建议，这是容闳首次提出的为我国谋富强的大计。干王虽然知道这些建议十分重要，但战事频繁，无法实行，把这些建议搁了下来。容闳也离开了太平军。

自己能为祖国干些什么？容闳想起在同外商交往中，我国由于缺专门人才而多次失利，许多应由我国人掌管的要塞、军舰、海关等重要职务，都任用外国人，甚至与西方国家谈判时，我国的首席代表竟是外国人。

想到这里，容闳为祖国缺少新式教育感到不安。他想如果每年能有一批祖国青年到美国留学，就能造就许多通晓西学的人才。1868 年，容闳正式向清代朝廷提出了他的选派留学生计划，他几经周折，再三努力，两年后清代朝廷批准了他的计划。

1871 年夏，容闳在上海开始招生，被选入的幼童先在预备学校补习英文。从 1872 年至 1875 年，我国每年派遣 30 人，完成了 4 年留学 120 人的计划。

清代朝廷派出的监督，对学生们接受西方新鲜事物和思想非常不满，对支持学生的副监督容闳更是怀恨在心，多次向朝廷告密，说容闳纵容学生，说这些留学生即使学成回国，也不能为朝廷效力，要求撤回留学生。

朝廷竟然同意了监督的请求，1881 年，赴美留学生全部撤回。容闳留学生计划半途而废。

1873 年，容闳从美国回到天津，向清政府奏请从西方购买武器一事。直隶总督让他就关于招募华工赴秘鲁的签约问题与秘鲁特使谈判。

秘鲁特使声称华工将会受到优厚的待遇。事实上，容闳以前在澳门就亲眼见过许多华工，以辫相连，结成一串，被人贩子们像牛马似地牵往船舱，听说过受骗华工被人贩子在市场上拍卖，不少华工因反抗被杀或跳海自杀。

容闳义正词严地怒斥了秘鲁特使，并向直隶总督汇报了所见所闻。他欣然接受直隶总督的派遣，到秘鲁去调查华工的情况。经过 3 个月的调查，了解到了华工遭受的折磨和奴隶主的罪恶，并把华工身上被笞、被烙的斑斑伤痕拍成照片，作为奴隶主残暴虐待华工的罪证。

容闳的秘鲁之行，使华工受虐待的真相大白。朝廷宣布禁止华工出洋。秘鲁特使虽竭力抵赖，但在容闳拍摄的一幅幅照片面前，无言以对。

1894 年，日本发动了甲午中日战争。容闳在美国得知消息，忧愤交加，立即写信给南洋大臣张之洞的幕僚，建议向英国借款购买军舰并雇用外兵，抄袭日本的后路，使其腹背受敌。

张之洞请容闳去伦敦借款，但这时，清代朝廷已对日本求和，借款计划也告中止。

甲午战争后，容闳从伦敦回到祖国。他建议实行新政，创立国家银行，发展资本主义，但都因受到阻挠而失败。后来，他又组织修建从天津到镇江的铁路，不料，德国有山东筑路权，不许铁路从山东通过，容闳不得不放弃筑路计划。

屡遭挫折，容闳开始倾向革命。他结识了维新变法的领袖康有为、梁启超，经常与他们讨论救亡图存的方略，容闳的资产阶级进步思想对他们产生了一定影响。戊戌变法失败后，容闳参加发动"自立军"起义。在上海张园的"国会"上，他被公推为会长，并起草了《对外宣言》。

可是，宣言还未正式发表，容闳被列为通缉的首犯，他不得不潜往香港。两年后到美国避难。

在斗争中，容闳认识到孙中山"宽广诚明有大志"，并号召各界进步人士要支持孙中山，使资产阶级革命成功。1909 年，他写信给他在美国物色的军事专家荷马李和财界人士布司，让他们支持孙中山。

经容闳介绍，孙中山与荷马李、布司建立联系，举行会谈，制订起义计划。并以孙中山名义，委任布司为同盟会驻国外全权财务代办，向纽约财团贷款，筹组临时政府等。

1910 年 5 月，82 岁的容闳病倒了。当武昌起义成功的消息传到美国，容闳非常高兴，并致函：

你们代表了四亿五千万人民——那些近三百年来深受压制的人们——高呼着共和国，为解除人民的痛苦去赢得自由和独立。

他的信，使资产阶级革命派深受鼓舞。

孙中山高度评价容闳的爱国精神和革命业绩，称他为"建伟大事业、以还吾人自由平等幸福"的老同志，并致函，希望他回国参加建设。可是，容闳接到孙中山来函时，已卧床不起。

1912 年 4 月 21 日，容闳在美国逝世，终年 84 岁。他在临终遗书中让他两个生长在美国的儿子回国服务，写道：

吾费如许金钱，养成汝辈人才，原冀回报祖国。

老人金子般的语言，激励着两个儿子。他们回国后，两人都为社会建设做出了贡献。

人而不仁

子曰："人而不仁，如礼何？人而不仁，如乐何？"

林放①问礼之本②。子曰："大哉问！礼，与其奢也，宁俭。丧，与其易③也，宁戚④。"

子曰："夷狄⑤之有君，不如诸夏⑥之亡⑦也。"

【注释】

①林放：鲁国人，字子丘。

②本：根本、本质。

③易：周全，指把事情办理得很妥善。

④戚：悲伤、悲痛。

⑤夷狄：古代中原地区的人对周边地区的贬称。

⑥诸夏：古代中原地区华夏族的自称。

⑦亡：同"无"。古书中的"无"字多写作"亡"。

【解释】

孔子说："一个人没有仁德，他怎么能实行礼呢？一个人没有仁德，他怎么能运用乐呢？"

林放问孔子礼的本质。孔子回答说："这个问题意义重大啊！礼，与其办得铺张浪费，不如朴素节俭。丧礼，与其办得事事周全，不如内心真正哀伤。"

孔子说："文化落后的夷狄虽然有君主，还不如中原诸国没有君主呢。"

【故事】

吴起以身作则关爱士兵

吴起是战国初期著名的政治改革家，卓越的军事家、统帅，兵家代表人物。吴起喜好用兵，一心想成就大名。

吴起做将军时，和最下层的士卒同衣同食。睡觉时不铺席子，行军时不骑马坐车，亲自背干粮，和士卒共担劳苦。

士卒中有人生疮，吴起就用嘴为他吸脓。这个士卒的母亲知道这事后大哭起来。别人说："你儿子是个士卒，而将军亲自为他吸取疮上的脓，你为什么还要哭呢？"

母亲说："不是这样。往年吴公为他父亲吸过疮上的脓，他父亲作战时就一往无前地拼命，所以就战死了。现在吴公又为我儿子吸疮上的脓，我不知他又将死到哪里了，所以我哭。"

在一次行军途中，传令兵要向他传达国王的命令。当来到将军的战车前时，战车上却没有吴起。旁边的士兵告诉传令兵："大将军行军从不坐车，你到前边去找他吧！"

传令兵打马向前，好不容易才找到吴起。只见他一身士兵打扮，和士兵一样背着干粮袋子在徒步行军。吴起之所以能够成为一个百战百胜的将军，除了他的军事谋略高人一等外，他以身作则、爱护士卒也是很重要的原因。

唐宋时期的仁爱孝悌

唐宋之际，经过长期的多政权并立和民族杂糅后，中原民族的"纲常"遭到一定程度的破坏。面对这种情况，唐宋时期儒者坚持理想，表现出独立的人格和赤诚的仁爱孝悌精神。同时，官方不断强化社会教化措施，直接导致了孝悌行为不同以往，从而展现出鲜明的时代色彩。

韩愈是唐代的大文学家，他在潮州做刺史时，听说韩江里的鳄鱼吃掉过江百姓的事情，心想鳄害不除后患无穷，便命令宰猪杀羊，决定到城北江边设坛祭鳄。

韩愈在渡口旁边的一个土墩上摆了祭品，点上香烛，对着大江严厉地宣布道："鳄鱼！鳄鱼！韩某到这里来做刺史，为的是保土庇民。你们却在此祸害百姓。如今姑念你们无知，不加惩处，只限你们在3天之内，带同族类出海，3天不走就5天走，5天不走就7天走。7天不走，便要严处！"

事有凑巧，据说打那以后，江里的鳄鱼真地没有再出现过。当地的百姓认为朝廷派来的大官给鳄鱼下的驱逐令见了效，都安心生产了。

现在，人们把韩愈祭鳄鱼的地方叫做"韩埔"，渡口叫"韩渡"，又作"鳄渡"，还把大江叫作"韩江"，江对面的山叫作"韩山"。

韩愈本来连佛都不信，怎么会信鳄鱼有灵呢？这当然是他为政措施中"仁爱"思想的体现。

一直以来，韩愈都在大力维护儒家伦理思想的正宗地位，赋予儒家"仁爱"思想以新的含义，对儒家"仁爱"思想的发展做出了贡献。

韩愈在《原道》中从"博爱"的角度重新阐述了秦汉时期以来儒家的"仁爱"思想，认为儒墨有相通之处。"孔子必用墨子，墨子必用孔子。不相用不足为孔、墨。"

这种将儒家的"仁爱"思想扩展为对夷狄禽兽之爱的新解释。儒家的核心思想就是"仁"。博爱是韩愈用来解释儒家的仁爱的，他说"博爱之谓仁"。这个说法在宋代以后产生极大影响，成为儒家仁学中有代表性的阐释。

作为"北宋五子"之一的张载，也致力于弘扬儒家仁爱思想。他认为人和天地万物一样，都来自同一个本源，认为"性者，万物之一源"。

仁爱是儒家有独特含义的爱，仁是指以血缘为基础的自然而然的爱，父母对子女的爱，子女对父母的爱，因为基于血缘，所以我们有这样的爱心。张载把这个思想进一步扩大，逐步阐发仁爱，将心比心，推及于人。

孔子和孟子认为"四海之内皆兄弟也"，四海是指东南西北四方的异民族，把他们当作有血缘关系的兄弟一样来对待，就是把仁的思想向外推。张载把这样的思想进一步推广，不仅推之于人，也要推之于万物。把万物都纳入到仁这样一个具有血缘关系中来。这是张载看待事物的方式。

经过唐宋时期韩愈、张载等人的努力，传统儒学被赋予了新的含义，而官方也在不断强化社会教化措施，促使民众的思想与行为发生变化。在这一过程中，由官方旌表孝悌而引起的官民孝悌行为，成为唐宋两代儒家"仁爱"思想发展的一个新气象。

旌表孝悌一直是封建社会德行教化的重要方面，

人而不仁

但唐宋时期对孝悌的认识却并非一成不变。唐代认为孝悌是个人得以区别于禽兽，得以"立身扬名"的重要因素。

唐代的博陵有一个崔姓的节度使，他的曾祖母长孙夫人年纪很大，嘴里的牙齿已经完全脱落了。崔大人的祖母唐夫人，每天先梳好头、洗好了手，就到堂前拜见婆婆，再上堂来给婆婆吃着自己的奶。所以长孙夫人虽然没有牙齿，吃饭困难，但还是很康健。

有一天，长孙夫人忽然生起病来，全家老少都到她房里去探望她。她对大家说："我没有东西可以报答媳妇的恩情，但愿子孙的媳妇，个个像我媳妇那样孝敬，我就心满意足了！"

由于崔家极重孝道，后来，博陵这地方姓崔的人做尚书、做州郡官的，就多达好几十位。论起天下做官的人家来，总要推崔家是首屈一指。

唐代朝廷的旌表赏赐行为在民间的影响还十分有限，孝悌行为还只是民众的个人行为，仍然没有被纳入礼法教化的社会行为之中。与之不同的是，在宋代更多则是民众被感化的事例。

宋人的认识则超出了唐人认知的局限，清醒地认识到旌表孝悌，实现由孝而忠的政治功效的重要意义。

对旌表孝悌的主观认识的发展引起了其教化措施的变化，对唐宋社会的孝悌行为的影响是不可估量的。反映在民间的孝悌行为上，则表现为孝悌行为中礼法教化色彩的日渐浓郁。

宋代的刘月娥7岁时就被后母暗地卖到金尚书的家中。后母骗刘月娥的父亲说："我们的女儿不知道到什么地方去了。"

父亲听到女儿失踪的消息，哭得双眼都快瞎了。

过了几年，刘月娥的父亲恰巧在金家里碰见女儿，父女两个人抱着痛哭一场。于是刘月娥便辞别主人，跟着父亲回家。

父亲要把后母赶出去，刘月娥说："如果母亲不这么做，我便不能跨进富贵人家的家中，这样说来，她已经对我有大恩德了，又何必怨恨呢？况且我一回来，母亲就走了，我怎么会安心呢？"

父亲听刘月娥这么说，只好作罢。

后来，父亲年纪老了，没有儿子，家境又更加穷困。父亲逝世后，刘月娥侍奉后母非常孝顺。后母不能行动，刘月娥背着她行走。等到后母去世后，刘月娥才又回到富人的家里做工。

刘月娥为人帮佣时，谆谆勉励女仆们要尽责和勤劳，如果对方不采纳或加以辱骂，她便立刻道歉而且不再计较。遇到辛劳烦苦的事情，她总是以身作则。

别人送她钱财、剪刀或衣服，她必一再推辞，不得已才接受。纵使一小块布料或木材，她都不敢随便丢弃。对于年幼的女仆，她常为她们梳头、化妆或缝纫，并且把她们当作自己亲生的女儿那样看待。她的德行被当时的人们所称赞。

民众为孝悌事迹感而化之，不仅在于孝悌行为的感人，更在于宋代朝廷的旌表已经在社会中发生了作用。以礼法为基础的社会舆论导向，已经在宋代社会中建立起来，并开始在影响个人的社会行为方面产生功效。

唐宋两代的孝悌不仅表现在个人的孝亲行为，还表现在大家族中家庭关系的维系状态，并且出现了法制规定向礼制教化让步的一种趋势。

在唐代，大家族的家庭关系是以"敦睦""友爱"为其表象的。即使在大家庭日渐瓦解的时候，维系其艰难存在的纽带依然是那割舍不断的亲情，尽管这种亲情的维系作用的影响力已经开始日渐削弱。

当亲情无法继续维系大家庭的存在的时候，就需要为得以继续存在的大家族的家庭关系以及家庭人员的行为重新订立规范，而家法就是在这样的前提下逐步发展起来的。

在严格尊卑等级的家法束缚下，"肃"开始成为宋代大家族内部的主要特征。宋代大家族的维系在很大程度上，已经成为一种受外在影响的有意识行为。

宋代曾发生了这样的事例：樊景温、荣恕旻兄弟分居多年。后来樊景温家的檽树五枝并为一，荣恕旻家的榆树两木自合，兄弟两人感其异状就商议聚居一起，乡亲们无不称赞其和睦。

樊景温、荣恕旻两家族分居多年，依然要恢复同居状态，其主要原因既在于以官方旌表为表象的礼法外在影响，也在于他们期望获得朝廷认可与赞许。由此观之，这些有感于自然祥瑞的举动，并非完全缘于亲情，而是官方的礼法导向以及以社会伦理舆论影响的结果。

宋代社会中还形成了制定家礼的风尚出现了为众推崇的家礼模式与版本。这种家庭关系的出现，对我国古代社会后期的政治、文化、社会的深刻影响，是简单的教化问题所无法包纳的。但仅就孝悌观念而言，由这种礼法关系所引起的变化却是有目共睹的。

总之，唐宋儒者丰富了儒家"仁爱"的内涵，在新的"仁爱"思想的影响下，官方的旌表与提倡，引起了孝悌行为的变化。这在当时不仅促动了孝悌感化行为的不断出现，也对古代后期的社会发展以及文化心理的发展产生了深远影响。

贺若弼成就父志平南陈

唐宋时期的社会转型和文化重构，并非一个突发的现象，而是在此前的隋代乃至更早就在孕育之中了。唐代所提倡的仁爱孝悌，在此前的隋代就有相关的人和事，比如贺若弼就是一个典型。

贺若弼是隋代著名将领，其父贺若敦临终遗愿平定南陈。他誓尽人子之责，激励自己，发誓建功，不平南陈则"葬江鱼腹"。最后终于成就了父亲的遗愿，也为隋王朝的建立立下了赫赫战功。

贺若弼出生在将门之家，他的父亲贺若敦，是南北朝时期北周很有名气的将领。当时长江以北，北周与北齐以洛阳为界互相对峙。长江以南则是陈朝，北以北齐为邻，西与北周对峙。

560 年，贺若敦奉命率兵渡过长江，占领了南陈所辖的湘州，即现在的长沙。因为孤军深入，粮饷不继，一年后，他又被迫撤回江北。

当时掌握北周大权的宇文护以失地无功为名，罢了贺若敦的官。贺若敦觉得自己本来有功，不仅没有得到奖赏，反而受到惩罚，心里很不服气。心里有怨气，就到处说，因此激怒了宇文护，令其自尽。

贺若敦临终时，把贺若弼叫到跟前，嘱咐说："我曾下决心平定江南，然而这一愿望没有得到实现，你应当完成我的遗志。我因为爱说而致死，你千万不可忘记这个教训啊！"说罢，就用锥子把自己的舌头刺出血来，作为对儿子的告诫。这时，贺若弼已是 22 岁的青年人了。

贺若弼早在少年时，就胸有大志，为人慷慨，刻苦练武，勇敢不凡。同

时又博览群书，在当时的贵族子弟中很有名望。后来，贺若弼被齐王宇文宪所赏识，让他到齐王府做管理文书的工作。不久被封为当亭县公，官至小内史，成为皇帝亲近的一名官员，参与一些机要大事的处理。

577年，北周武帝灭掉了北齐。后来，周宣帝以大将韦孝宽为元帅率军伐陈，贺若弼跟随出征。在这次战斗中，贺若弼立了大功，史称这次战斗的胜利，多出于贺若弼的谋划。

战争结束后，周宣帝提升贺若弼为寿州刺史，改封襄邑郡公，镇守淮南。这为贺若弼实现父亲的遗志创造了条件。

周宣帝去世后，大权落到丞相、外戚杨坚手中。杨坚于581年废掉宣帝的儿子周静帝自立为皇帝，改国号为隋，称"隋文帝"。同时着手准备伐南陈统一全国的准备工作。

这时，宰相高颎向隋文帝推荐贺若弼，建议加以重用。高颎认为："朝臣之内，论文武才干，没有人能比得上贺若弼。"

隋文帝采纳高颎建议，任命贺若弼为平陈军事行动的行军总管，率军出广陵，云集在长江北岸。

广陵和寿州、庐州是隋代渡江伐陈的根据地，贺若弼喜出望外，因为实现父亲的遗志完成国家的统一，施展自己雄才大略的千载难逢的机会终于到来了。

到达广陵后，贺若弼抑制不住内心的兴奋之情，写了一首诗，赠给寿州总管源雄。诗中写道：

交河骠骑幕，合浦伏波营；

勿使麒麟上，无我二人名。

意思是说，你我统率水陆大军镇守大江之北，肩负伐陈重任，一定要在伐陈战争中取得功名。诗中的"麒麟"，是指汉武帝在长安未央宫内所建的麒麟阁，西汉宣帝时曾在阁里画了霍光等 11 名功臣像，以表其功。贺若弼引用这个典故与源雄互勉，充分反映了他以伐陈为己任的雄心壮志和必胜信心。

贺若弼军提前发起进攻，出广陵南渡。将要渡江时，贺若弼酹酒发誓，要远振国威，伐罪吊民，"如事有乖违，得葬江鱼腹中，死且不恨"。誓毕，挥军渡过长江。

陈军猝不及防，慌溃而逃。贺若弼军乘势攻占重镇京口，即现在的江苏省镇江市，擒其刺史黄恪，俘获敌众 6000 余人，均优待释放。

贺若弼严明军令，将士秋毫无犯，有军士拿民间一物者，立斩不赦。对俘众却给予优待，发给资粮，尽皆释放。所以所向披靡，降者甚众。

随后，贺若弼以一部进屯曲阿，即现在的江苏丹阳，以防江苏太湖以东、以南和浙江绍兴等地的陈军增援，自率主力西进，从左翼攻南陈首都建康。

此时，隋军另一路韩擒虎军也攻占姑孰，沿江东进，南陈散骑常侍皋文奏军败退建康。贺若弼、韩擒虎两军自北、南两路并进，钳击建康，沿江诸戍，望风尽走。隋军已对建康形成包围态势。

贺若弼军进据钟山，即现在的南京紫金山，屯于山南白土冈东。在当时，南陈在建康附近尚有甲士 10 余万。南陈后主陈叔宝不懂军事，面对隋军压境，拒绝了骠骑将军萧摩诃、镇东大将军任忠的建议，贸然命陈军出战，以至于南陈军队首尾进退互不相知。

贺若弼率轻骑登山侦察敌阵，遂与所部 8000 甲士列阵以待。南陈将领田瑞首先率部进击，被贺若弼军击退。在交战不利时，贺若弼迅速摆脱被动，乘敌骄惰懈怠之机，猛攻敌之薄弱部，大败敌军主力。此战对攻占建康具有重要意义。

贺若弼挥军乘胜推进，到达乐游苑。但陈的守军苦战不息，直至日薄西山，才解甲就擒。贺若弼遂从北掖门入城。

此时西路军总管韩擒虎已率 500 骑兵于朱雀门先期入城，并俘获陈后主，占据了府库。贺若弼令将陈后主带来一视，只见陈后主惶恐流汗，股栗再拜。

隋文帝闻贺若弼、韩擒虎两人有功，下诏励志。将贺若弼进位上柱国，再拜右领军大将军、右武侯大将军。韩擒虎也受到同样待遇。

灭陈以后，贺若弼位望名隆，其兄贺若隆为武都郡公，弟贺若东为万荣郡公。

贺若弼不忘父志，终于为隋代的统一，攻占陈首都建康，立了首功，而留名于青史。

孙思邈学医最先孝双亲

在唐代，人们以儒家的道德观和伦理精神一以贯之，而在门户之内，最重要的事务就是孝悌之道，主要表现为对父母履行孝道。著名道士、医药学家孙思邈，就是将儒家教义与日常生活完美结合的典型。

孙思邈出生于唐代京兆华原一个贫苦家里，京兆华原就是现在的陕西铜川耀州。他的父亲是一名木工，母亲是普通的家庭主妇。

孙思邈的家乡水土不好，得病的人很多。他父亲得了雀目症，就是现在所说的夜盲症，一到天黑就看不见东西；母亲也有"大脖子病"，就是现在所说的甲状腺肿大症，经常吃药。孙思邈见了非常着急。

一天，父亲边做木工活边问孙思邈："你长大了，难道也打算干木工活吗？"

孙思邈毫不犹豫地回答："我长大了要当医生，把您的雀目病治好，把母亲的粗脖子病也治好。"

父亲听了儿子一片孝敬父母之言，十分感动，沉思片刻说："好孩子，你要当医生，就不能像爸爸这样，斗大的字认识不了一筐。咱家虽说很穷，但我就是累弯了腰，也要供你念书。明天你就上学去！"

在父母的支持下，孙思邈在村西的一孔土窑洞里读书，从此开始了他的求知生涯。

孙思邈在7岁的时候，能认识1000多个字。这1000多个字，都是他会写的。

孙思邈12岁时，父亲带他到药农张七伯家，准备给张七伯做装药的柜子。孙思邈见张家院内到处是草药，心想："这下父母的病可有治了！"于是，他求得父亲同意，拜张七伯为师。

张七伯素闻孙思邈是个很乖的孩子，又很孝顺，就高兴地答应下来，说帮孙家带一带这个孩子。

孙思邈在张七伯的家里当了学徒3年，经常向师父问这问那，常常使师父十分为难。后来他才知道，师父识不了多少字，只会用一些土方治病，根本不懂药性医理。

张七伯也懂得徒弟的心思，同时也发现孙思邈是个极聪明的孩子，自己不能耽误人家的前程，就诚恳地对孙思邈说："从这往北走40里，是铜官县，

我舅舅是那里有名的医生，这本《黄帝内经》就是他送给我的，我读不懂，你拿回去好好读读，等长大些，去找我舅舅学医吧！"

17 岁的孙思邈，为双亲治病心切，不畏人生路远，终于来到铜官县找到那位名医。可这位医生不会治雀目病和甲状腺肿病，这使孙思邈十分失望。

尽管如此，孙思邈还是不死心，决意拜师。他在这里学习了一年，在这期间继续研究《黄帝内经》，医学知识长进了不少。

第二年，18 岁的孙思邈回到家乡，开始给乡亲们治病。在行医时他不贪财物，对病人同情爱护，渐渐地在家乡有了点名声。

一次，一位腿疼的病人前来就诊，孙思邈便给他针灸。他按照传统的疗法，扎了几针都未能止疼。他想，难道除了《黄帝内经》中说的 365 个穴位之外，再没有别的穴位了吗？

他认真仔细地寻找新的穴位，一面用大拇指轻轻按掐，一面问病人按掐的部位是不是疼？

病人一直都摇头。当孙思邈手指按掐住一个新的部位时，病人立即感到腿疼的症状减轻了好多。孙思邈就在这一点扎了一针，病人的腿立刻不疼了。

这种随疼点而定的穴位，叫作"阿是穴"，又名"天应穴"或"不定穴"。这是孙思邈对针灸学的一大贡献。

病人的痼疾被孙思邈治好了，他感激地对孙思邈说："孙先生年纪不大，可医术超群，真是复生的扁鹊，再世的华佗啊！"

孙思邈听了忙说："哪里哪里！我连父亲的雀目病，母亲的粗脖子病都治不好，哪敢与'神医'扁鹊相比呀！"

病人见孙思邈将双亲的病挂在心头很受感动，想了想说："我家住在秦岭里面，那儿粗脖子病人很多，我表妹就患了这种病，被秦岭之巅太白山脚下的一位先生治好了。"

孙思邈听了，欣喜若狂，赶紧问道："这位先生叫什么名字？"

病人说："叫陈元，是江南人。"

孙思邈一心想治好双亲的病，第二天就动身赶往太白山。铜官县到秦岭的太白山有 200 千米旱路，交通不便，其旅途艰难是可想而知的。但是，为了给双亲治病，孙思邈以惊人的毅力战胜了旅途上重重困难，用了半个月的时间，终于来到了美丽的太白山脚下，几经周折，找到了陈元。

陈元见孙思邈一番孝诚之心就收他为徒。陈元是个很诚实的人，他告诉孙思邈自己并不是医生，他治粗脖病的方法，是从他的父亲那里学来的，而且效果不太明显。

孙思邈还是满怀信心地住下来，一边行医，一边同陈元采药闲聊，一起探求治雀目病的方法。

一天，陈元边采药边说："我的父亲曾经说过，不知啥原因，雀目病待人不公平，专欺侮穷人，富人就不患这种病。"

孙思邈听了心里一动：看来穷人一定是缺少某种东西才患这种病的。如果让穷人也吃上富人吃的东西，说不定能治好雀目病。想到这里，孙思邈就叫一位患有大脖子病的人接连吃了几斤猪肉，可仍不见好。

孙思邈又翻阅一些药书，见有"肝开窍于目"一条，他想：如果给雀目病人吃肝，一定会奏效的。于是他就给一位患者买了几斤牛羊肝吃。几天后，病人大有好转，又吃了一些，病人奇迹般痊愈了。

孙思邈由此受到启发，进一步探讨粗脖子病因。几经调查研究，发现这种病同长期喝一种水有关，如何治疗，还需进一步研究。

有一次，一位猎人射死一只鹿，请孙思邈去吃鹿肉，他吃着吃着，想起人们常说的一句话"吃心补心，吃肝补肝"，那么，吃鹿靥能不能治粗脖子病呢？后经实验，果然有效，而且羊靥也行。

孙思邈终于找到了治疗双亲病的有效方法。他马上收拾东西回家，用所学到的方法给父母治病。经过孙思邈的治疗，父亲的眼睛很快能在夜间看见东西了，母亲的脖子也恢复了正常。多年的心愿终于实现了，他欣慰无比。

从此以后，孙思邈更加刻苦地钻研医药知识。他曾经上峨眉山、终南山、下江州，边行医，边采集中药，边临床试验。经过多年努力，他终于著成《千金要方》一书，成为药王。

在行医过程中，孙思邈越发感觉到，一个好的医生，必须德才兼备。如只有良好的医德素养，而无过硬的医疗技术，那也只不过是一席空谈，遇到病人也爱莫能助。

孙思邈同时还认为，国君和双亲生病，不能为他们治疗就是不忠不孝的表现。因此，对王公大臣中的病人，只要他们找到自己，他都本着"医者仁心"的宗旨，积极予以治疗。

有一次，唐太宗患病，太医们束手无策，太宗便传旨召孙思邈进宫。孙思邈为唐太宗诊脉后开了处方，一剂下去，不见起色，又服一剂，仍不见效。

唐太宗也没有责怪他，让他先回家。孙思邈心里很不痛快，路过一座山，向山民讨口水喝。

这户人家只有姐妹俩，以卖药材为生。姐姐用黄色花冲了一碗金花茶，妹妹用白色花冲了一碗银花茶。孙思邈每样茶喝一口，觉得味甘清淡，止渴清热，对两姐妹说："这两种花都可以入药。"

姐姐解释说："这两种花是一种药，刚开时为白色，盛开色变黄，叫金银花。莫说你，就是孙思邈也不认识假药呢。我们进城卖药，那些太监把我们的药全部拿走，只给一点点钱。我们气不过，就用假药骗他们，为此，连孙思邈也治不好万岁爷的病。"

孙思邈这才恍然大悟，他立即表明身份，拜两位山姑为师，跟她们学习采药、制药。后来，孙思邈亲自采药进宫，一剂药就治好了唐太宗的病。唐太宗接受了他的忠告，责令太监上市买卖公平。

孙思邈对古典医学有深刻的研究，对民间验方十分重视，对内、外、妇、儿、五官、针灸各科都很精通，有 24 项成果开创了我国医药学史上的先河。他是继东汉医学家张仲景之后我国历史上第一个全面系统研究中医药的先驱者。

孙思邈对医德的建树，是不可磨灭的。他为治疗双亲而立下的最初志向，堪称行孝楷模，千百年来为人们所传颂。

欧阳修不忘母亲教诲

在宋代，随着经济的发展和文化的发达，孝悌文化也进入历史的最盛状态。北宋时期的欧阳修幼承家教，待成年后，积极将儒家的仁爱孝悌思想贯彻于自己的实践活动中，有力地促进了宋代民间社会讲孝行孝的孝文化的发展。

欧阳修于 1007 年生于北宋吉州永丰，就是现在的江西吉安永丰。他出身于封建仕宦家庭，其父欧阳观是一个小吏。在欧阳修出生后的第四年，父亲就离开了人世，于是家中生活的重担全部落在欧阳修的母亲郑氏身上。

为了生计，母亲不得不带着刚 4 岁的欧阳修来到随州，以便孤儿寡妇能得到在随州的欧阳修叔父的照顾。欧阳修的母亲郑氏出生于一个贫苦的家庭，只读过几天书，但却是一位有毅力、有见识、又肯吃苦的母亲。

欧母不断给年幼的欧阳修讲如何做人的故事，每次讲完故事，她都把故事作一个总结，让欧阳修明白做人的很多道理。欧母教导欧阳修最多的，就是做人不可随声附和，不要随波逐流。这对欧阳修以后在官场如何做人做事，影响非常之大。

欧阳修稍大些以后，欧母想方设法教他认字写字，先是教他读唐代诗人周朴、郑谷及当时的九僧诗。尽管欧阳修对这些诗一知半解，却增强了读书的兴趣。

　　眼看欧阳修就到上学的年龄了，欧母一心想让儿子读书，可是家里穷，买不起纸笔。有一次她看到屋前的池塘边长着荻草，突发奇想，用这些荻草秆在地上写字不是也很好吗？她就用荻草秆当笔，铺沙当纸，开始教欧阳修练字。

　　欧阳修按照母亲的教导，在地上一笔一画地练习写字，反反复复地练，错了再写，直至写对写工整为止，一丝不苟。这就是后人传为佳话的"画荻教子"的故事。

　　幼小的欧阳修在母亲的教育下，智力得到了很好的开发。他不但很快就爱上了诗书，而且每天还都练习写字，积累越来越多，年纪不大的时候就已能过目成诵了。

　　欧阳修由于家里穷，常常去借书看，在随州城南的李家是一个藏书家。欧阳修不断地到这里与李家的孩子一起玩，时间久了，就将李家的书借回家

看，无论严寒的隆冬，还是赤日炎炎的盛夏，从不间断，从不松懈。每见到书上一些好的内容，他都赶快把它抄下来。

　　一天，欧阳修从李家旧纸筐里，发现一本《韩昌黎文集》，经主人允许，带回家里。打开一看，大开眼界，便废寝忘食、夜以继日地阅读起来。

　　北宋初年，社会上多流行华丽浮躁、内容空洞

的文风，而韩愈的文风与之完全不一样。欧阳修被韩愈清新自然的文章所打动。他高兴地对母亲说："世上竟有这么好的文章啊！"

母亲告诉他说："世上的好文章，都是先做好人，然后才写出来的。古语说'文如其人'，什么样的文章，就代表着什么样的人品。"

欧阳修牢牢记住母亲的话，下定决心做个像韩愈那样的好人。无形之中，韩愈已经成了他心中的偶像。尽管欧阳修年纪尚小，对韩愈文学思想未必能全部吃透，但却为他以后革除华而不实的文风打下了基础。而正是在这种思想启迪下，一个学习韩愈、革除当时文坛上坏风气的念头，在他的脑海里油然升起。

欧阳修长大以后，到东京参加进士考试，连考 3 场，都得到第一名。当欧阳修 20 岁的时候，已是当时文学界大名鼎鼎的人物了。欧母为儿子的出众才学而高兴，但她希望儿子不仅文学成就出众，为人做事也要对得起自己的良心。

欧阳修的父亲生前曾在道州、泰州做过管理行政事务和司法的小官。他关心民间疾苦，正直廉洁，为百姓所爱戴。欧阳修长大做了官以后，母亲还经常不断地将他父亲为官的事迹讲给他听。

欧母对儿子说："你父亲做司法官的时候，常在夜间处理案件，对于涉及平民百姓的案宗他都十分慎重，翻来覆去地看。凡是能够从轻的，都从轻判处；而对于那些实在不能从轻的，往往深表同情，叹息不止。"

她还说："你父亲做官，廉洁奉公，不谋私利，而且经常以财物接济别人，喜欢交结宾朋。他的官俸虽然不多，却常常不让有剩余。他常常说不要把金钱变成累赘。所以他去世后，没有留下一间房，没有留下一垄地。"

她告诫儿子："对于父母的奉养不一定要十分丰盛，重要的是要有一个孝心。自己的财物虽然不能布施到穷人身上，但一定是心存仁义。我没有能力教导你，只要你能记住你父亲的教诲，我就放心了。"

母亲的这些语重心长的话，深深地印在了欧阳修的脑海里。他还把母亲说的话记在一个本子上，放在贴身的衣袋里，经常带在身边随时翻阅。

"孝"是儿女对父母应尽的职责，是一种无私的、不计报酬的善行，而从"孝道"出发，推及社会，则能培养仁爱之心和清正廉明的品格。这种精神，在欧阳修身上有鲜明的体现。

欧阳修虽然官职不高，但是十分关心朝政，正直敢谏。当范仲淹的改革受阻，最后被贬谪到南方去的时候，欧阳修十分气愤，写信责备反对改革的人不知道人间有羞耻二字。为了支持范仲淹新政，欧阳修被一些权贵强加罪名，结果也被宋仁宗贬谪到滁州。

滁州就是现在的安徽滁县，这里四面环山，风景优美。欧阳修到滁州后，在处理政事之余，常常在山水间寄托幽情。

当地有个和尚在滁州琅琊山上造了一座亭子供游人休息。欧阳修登山游览的时候，常在这座亭上喝酒。他自称"醉翁"，给亭子起个名字叫醉翁亭。他著名的作品《醉翁亭记》，就是这个时候写成的。文章表达了"与民同乐"的思想情怀。

正如唐代大诗人李白所说的那句话："天生我材必有用"，身怀八斗之才的欧阳修当了10多年地方官后，终于被当朝皇帝宋仁宗想起。宋仁宗为欧阳修的才气所打动，把他调回了京城，担任翰林学士。

上任伊始，欧阳修便积极提倡改革文风。有一年，京城举行进士考试，恰好由他担任主考官。他认为这正是他选拔人才、改革文风的好机会，便要求阅卷者以一种全新的眼光来审视考生，如发现故弄玄虚、华而不实的文章，一概不录取。

欧阳修的录榜标准，开了一代文风，招纳了大批人才，自然也得罪了那些华而不实的考生。颁榜的那天，有不少考生见自己落选了，对欧阳修十分不满，吵吵嚷嚷地辱骂他。有些人甚至把骑马出门的欧阳修拦住，向他讨说法。

经过这场风波，欧阳修虽然受到了一些压力，但是考场的文风从此发生了变化，大家开始摒弃那些不痛不痒、哗众取宠的文章，继而形成了朴素而自由、严谨而高雅的文风。

欧阳修不但大力改革文风，还十分注意发现和提拔人才。许多原来并不那么出名的人才，经过他的赏识和提拔推荐，一个个都成了名家。

当时最出名的文学家是曾巩、王安石、苏洵和他的两个儿子苏轼和苏辙。在文学史上，人们把欧阳修等6个人和唐代的韩愈、柳宗元合起来，称为"唐宋八大家"。

欧阳修为官秉正，但也不忘孝敬为自己备尝艰辛的母亲。他在朝廷时，有一年母亲得病，他托好友梅尧臣访求名医，为母亲治病。他移官颍州任知州时，常为颍州僻小，治疗母病缺医少药而感叹。

他在应天即今河南商丘任知府时，老母卧病，他既忙于求医问药，又时常侍奉汤药。为了让母亲早日康复，想求一僻静之地而不可得，常常思绪不佳。

1053年，欧阳修的母亲以73岁的高龄病逝于南京，欧阳修亲自将母亲遗体运送故乡，入土安葬。欧阳修在守制期间，常常怀念母亲，母亲慈祥的面容，劳碌奔波的身影，时时浮现在眼前。他深知，是母亲的谆谆教导，激励了自己成就一生的功业。

为了追悼母亲，欧阳修写下《先妣事略》，字里行间无不透出母子的绵绵深情：悲伤母亲短暂而艰辛的一生，歌颂母亲朴实而崇高的品德。他拾取母亲生前的一些日常生活琐事，娓娓道来，刻画了一位勤劳、俭朴、待人厚道、严以教子的母亲形象，寓歌颂赞美于叙事之中。

祖坟是祖先长眠的地方，照管和祭奠祖坟，追思祖先功德，无疑是行孝道的表现。欧阳修长期在外地为官，多次写信嘱托居住在庐陵的堂弟欧阳焕照管祖坟。

欧阳修的母亲一身正气，她的言传身教影响了欧阳修的一生，使欧阳修一生光明磊落，敢说敢为，受到后人的尊敬。

朱寿昌弃官千里寻母

欧阳修行孝尽孝，给当时的人们树立了榜样，而比欧阳修只小几岁的朱寿昌，更是演绎出辞官寻母的感人一幕。

朱寿昌于 1014 年出生于北宋时期扬州天长同仁乡秦栏，就是现在的安徽天长秦栏镇。他为了寻找生身母亲，毅然在安徽广德府任上挂冠而走，历尽艰辛，终于找到隔绝 50 多年的母亲。

那是在朱寿昌 7 岁的时候，他的生母刘氏因为被后母嫉妒，被赶出家门另嫁他人。从此朱寿昌就和生母分离了。

朱寿昌从小就失去了母爱。他看到别的小朋友都有母亲在身边，天天嘘寒问暖，疼爱有加，非常地思念自己的母亲。

每到初冬，别的小朋友的母亲早早地为自己的孩子做好了棉衣，可是朱寿昌的生母却不在；当别的小朋友心中有了委屈，可以依偎在母亲怀里撒娇时，可是朱寿昌却不能。没有母亲的孩子，是多么盼望能像别的孩子一样，可以经常依偎在母亲的怀抱里。

朱寿昌就在这样的环境中长大，他一直努力读书。后来，朱寿昌的父亲去世，他袭父功名而为官，仕途颇为顺利。但他时时不忘生母，每天都计算着与母亲分开的日子。他在心里暗暗发誓，一定要把母亲接回来。

几十年间，朱寿昌几乎日夜思念，惦记着自己的母亲，思念之苦常常令他每每言及就泣不成声。他多次写信给在各地做官的同僚，请求代为寻觅。然而，几十年过去，音讯杳无。

朱寿昌信奉佛教，潜心求助神灵。为了向菩萨表示诚意，不食酒肉，戒除嗜好，甚至浮屠法灼背烧顶，刺血书佛经。如此虔诚，仍无结果。

1068年，朱寿昌再升官职。到任后叹息道："我年已50岁，尚未得见生母一面，如何为人？古人说得好'求忠臣于孝子之门'。我孝且未尽，怎好言忠！罢，罢！我宁舍一官，再往寻母，好歹总要得个确信。万一我母西归，即使阎罗殿上也要探个究竟。"

他认为，连自己的生身母亲都找不见，如何能解民于倒悬，如何为百姓树立忠孝的典范。于是，他就断然辞去官职，要亲自外出去寻找自己的母亲。

因为朱寿昌此时的年纪也大了，家里人也不放心他，都来劝阻。可是朱寿昌坚决地对家人说："如果见不到母亲，就永远都不回来！"随即背着行囊，飘然而去。

朱寿昌行走了一年多，风餐露宿，跋山涉水，忍饥挨饿，走州过县。他一人在外，人生地不熟，遇到很多险阻，非常艰辛。可是，困难丝毫没有动摇他寻母的念头。相反，他想到和母亲分别50多年都不能团聚，就更加深了寻母的信念。

人而不仁

朱寿昌走到哪里打听到哪里，天天祈祷。他抱定必死的决心，一定要寻找到他的母亲，与自己共享天年。

这一天，朱寿昌来到了同州，身上的盘缠已用的所剩无几。朱寿昌找了一天又累又饿，正当他准备去找间破庙休息时，从山路上跳出来一个黑衣人，拦住了他的去路。

朱寿昌见黑衣人手持大刀，知道自己遇见强盗了。黑衣人走上前来，用刀架在朱寿昌的脖子上，抢过他的包袱。黑衣人把包袱打开一看，里面只有一点碎银，几件衣服、一点干粮和一个护身符。

黑衣人见了，眉头皱起好高说道："这么穷也出来游玩？浪费老子的时间！"说完便要扔掉朱寿昌的包袱。

朱寿昌见了忙走过去把包袱里的那个护身符抢了过来。黑衣人见了很是奇怪，用刀架在朱寿昌的脖子上问道："那护身符里有什么东西？快说！"

朱寿昌看着护身符，流出了眼泪，良久才说道："这护身符是我幼小生病的时候我母亲到庙里为我求的。可我却是个不孝子，50年来，不能为母亲尽一点孝。现在连母亲身在何方都不知道？"

"你是来寻母的？"黑衣人问道。

朱寿昌点了点头。黑衣人又问："你母亲叫什么？"朱寿昌把母亲的名字告诉了黑衣人。黑衣人听后，拉起朱寿昌就往附近的村里跑去。朱寿昌不知道黑衣人为什么要这么做。

跑了不久，黑衣人把朱寿昌带到村子的一户人家的院里。黑衣人叫朱寿昌待在院里不要动，要过朱寿昌手中的护身符，急匆匆往屋里走去。

黑衣人来到厨房，只见一个白发苍苍的老妇人正在烧火。老妇人见黑衣人进来后拿起手中的柴火边打黑衣人边骂道："你这个逆子还回来干什么？"

黑衣人立马跪了下去哭着忏悔道："娘，我知道错了，我以后一定改过从新，不做强盗了，好好做人！娘，您别打了，您看这是什么？"黑衣人说着把那个护身符递给了老妇人。

老妇人接过护身符后，脑袋如雷击般"嗡"的一声，手中的柴火掉在了地上，直看着护身符发呆。良久，老妇人才开口问道："你这护身符是哪里来的？"

"是一个 50 多岁的人的，他说他来找自己的母亲。他现在就在外面。"黑衣人指着门外说。

老妇人听后，眼泪"哗哗"地流了下来。过了一会，她对黑衣人说道："你叫他走吧，说他的母亲不在这里。"

黑衣人走到院里，把护身符还给了朱寿昌，说道："你走吧，你的母亲不在这里。"

朱寿昌一听，便断定自己的母亲在这里，连忙跪下后，冲着院内哭道："母亲，昌儿知道您在里面，如果母亲大人不肯见昌儿，那昌儿便长跪不起。"

黑衣人见朱寿昌这个样子，赶也赶不走，自己就进屋去了。

老妇人听见屋外朱寿昌的话，眼泪又"哗哗"地流了下来，口中小声地直念道："昌儿，昌儿……"

"轰隆隆……轰隆隆……"外面电闪雷鸣，很快便下起了瓢泼大雨。朱寿昌本来是又饿又累，现在又跪在雨中，很快便晕倒在地。

老妇人见外面下起了大雨，本是不想出来的，可一想到朱寿昌还跪拜在雨中，就再也忍不住了，打着雨伞来到院中。黑衣人也来到院中。此时的朱寿昌已经晕倒在地了。老妇人叫黑衣人把朱寿昌抱进屋里。

老妇人一摸朱寿昌的额头，烫得吓人，忙对黑衣人说道："快去叫郎中来！"

黑衣人不顾外面的大雨跑了出去。老妇人则在床头边用热布帮朱寿昌擦拭额头，边用颤抖的声音轻声地呼唤道："昌儿，昌儿……"

郎中给朱寿昌吃下药后，又开了药方，叫其天亮后去药铺按方抓药便可。

天刚一亮，外面还下着小雨。老妇人便叫黑衣人去药铺抓药。

当黑衣人从药铺抓药回来后，朱寿昌已经醒来。黑衣人见老妇人不在屋中，忙问朱寿昌道："我母亲呢？我母亲去哪里了？"

朱寿昌被问得丈二的和尚摸不着头脑，黑衣人见状大急，忙说道："我母亲，也是你母亲！"说完，丢下手中的药，便朝屋外跑去找老妇人。

朱寿昌听完后，如梦方醒，从床上站起来后自语道："我知道母亲去哪里了！"说完后便朝村中的破庙跑去。

朱寿昌来到破庙前，只见老妇人跪在草棚里中的佛像前祈求道："菩萨，您保佑我的昌儿早点好起来，只要我的昌儿无事，我愿意折我自己的阳寿来补偿。"

朱寿昌在在草棚外听得真切，心如刀绞，"扑通"一声跪下，大哭道："母亲，昌儿不孝，昌儿不孝！"

老妇人听见后转过头来喝道："我没有你这样的儿子！"

"母亲！"朱寿昌撕心裂肺地呼喊。

老妇人说："世上做母亲的都希望自己的儿子能有出息，可你却为了寻母，丢下百姓于不顾，世上哪有我这样的母亲？"

朱寿昌连忙解释："母亲，孩儿在任期间和百姓一起抗洪救灾，孩儿也知道丢下百姓不顾是孩儿的错，可这50年来，孩儿无时无刻都思念着母亲，想早点找到母亲尽自己的一份孝心。母亲！"

老妇人听到这里，再也忍不住了，急急地走到草棚外，母子两人抱在一起，泣不成声。一旁的黑衣人也奔了过来，张开双臂抱住了母亲和朱寿昌。

刘氏改嫁后的丈夫早已故去。朱寿昌便把他的母亲，连同同母异父的黑衣人，悉数接回了原籍供养、照顾。

宋代朝廷崇尚"以孝治天下"，朱寿昌的孝行被朝廷知道以后，得到了充分肯定，先是"诏还就官"，后被提拔"通判河中府"。当朝皇帝宋神宗赵顼还颁发圣旨，号召全天下臣民向他学习。

当时的著名人物王安石和苏轼等人听说了他的事情，都遵命或自发地写了歌颂孝子朱寿昌的文章。从此，朱寿昌弃官千里寻母之事遍传天下，孝子之名播扬遐迩。

朱寿昌再不想和母亲分开了，但母亲年纪大了，受不住车马颠簸。为了能赡养母亲，朱寿昌就要求在当地做官。上司听说了这件事，也很感动，就同意了。

几年后，母亲去世了。朱寿昌痛不欲生，几乎哭瞎眼睛。母亲去世后，朱寿昌照顾同母异父的弟弟更加周到。这时的弟弟也就是当初的那个黑衣人，早已改邪归正，在街面上做小生意，凭借自己的双手生活。

民间传说，朱寿昌母亲活着的时候怕雷声，朱寿昌害怕母亲的亡灵受到雷声惊吓，每到春夏季，只要响雷，朱寿昌就伏在母亲坟墓上，不分昼夜护着母亲，狂风暴雨也不离开。

除了孝顺之外，朱寿昌其实还是一个非常称职的官员。朱寿昌在岳州当知州的时候，岳州湖多，湖连着湖，水上强盗多。为了缉捕水盗，朱寿昌登记民船，将民船刻上姓名，规定民船出入必须报告去向。什么地方发现强盗，检查民船的去向很快就能够找到线索抓住强盗了。水盗因此大大减少。

朱寿昌十分关心百姓疾苦。富弼、韩琦为相，派人四出巡视，宽恤民力，朱寿昌出使湖南，有人说邵州有金矿，可以开采。朝廷下诏书，同意开采。

朱寿昌上书朝廷，认为开采金矿，弊大于利，既毁坏良田，也会招来强盗抢夺，造成边境不安定。朝廷采纳了朱寿昌的建议。可见，朱寿昌的确是一个爱做好事的好官。

君子无所争

季氏旅①于泰山，子谓冉有②曰："女③弗能救④与？"对曰："不能。"

子曰："呜呼！曾谓泰山不如林放乎？"

子曰："君子无所争，必也射⑤乎！揖⑥让而升，下而饮，其争也君子。"

【注释】

①旅：祭名。祭祀山川为旅。当时，只有天子和诸侯才有祭祀名山大川的资格。

②冉有：姓冉名求，字子有，孔子的弟子，比孔子小 29 岁。

③女：同汝，你。

④救：挽求、劝阻的意思。

⑤射：原意为射箭，此处指古代的射礼。

⑥揖：拱手行礼，表示尊敬。

【解释】

季孙氏去祭祀泰山。孔子对冉有说："你难道不能劝阻他吗？"冉有说："不能。"

孔子说："唉！难道说泰山神还不如林放知礼吗？"

孔子说："君子没有什么可与别人争的事情。如果有的话，那就是射箭比赛了。比赛时，先相互作揖谦让，然后上场。射完后，又相互作揖再退下来，然后登堂喝酒。这样的争，也是君子之争。"

【故事】

陈寅恪和梁启超的恩怨

陈寅恪（1890 年 7 月 3 日—1969 年 10 月 7 日），字鹤寿，江西修水人。中国现代集历史学家、古典文学研究家、语言学家、诗人于一身的百年难见的人物，与叶企孙、潘光旦、梅贻琦一起被列为清华大学百年历史上四大哲人，与吕思勉、陈垣、钱穆并称为"前辈史学四大家"。先后任职任教于清华大学、西南联大、广西大学、燕京大学、中山大学等。

梁启超（1873 年 2 月 23 日—1929 年 1 月 19 日），字卓如，一字任甫，号任公，又号饮冰室主人、饮冰子、哀时客、中国之新民、自由斋主人。清朝光绪年间举人，中国近代思想家、政治家、教育家、史学家、文学家。戊戌变法（百日维新）领袖之一、中国近代维新派、新法家代表人物。

最早发现并引荐陈寅恪这匹"千里马"的，是梁启超。20 世纪 20 年代，清华国学院刚刚成立，梁启超向校长曹云祥力荐陈寅恪。曹问："陈寅恪是哪国博士？"梁答："他不是学士，也不是博士。"曹又问："他有没有著作？"梁答："也没有。"曹拒绝："既不是博士，又没有著作，这就难了！"梁大怒："我梁某算是著作等身了，但总共还不如陈先生寥寥数百字有价值！"曹一听，十分震惊，这才同意聘请陈寅恪。

陈寅恪在国外陆续留学二十余载，潜心读书和研究，不仅学贯中西，而且通晓三十多种文字。由于他始终对博士、硕士之类的学位淡然处之，所以连大学文凭也没拿过。幸亏梁启超慧眼识珠，才使得这位旷世奇才没有"遗于野"，也才成就了这位日后清华园里大名鼎鼎的"教授中的教授"。按理说，陈寅恪对梁启超不说感恩戴德，至少也应该礼让三分。但是，因为一个古人陶渊明，他们之间的恩怨一度被传得沸沸扬扬。

陶渊明出生在东晋末期，是我国古代著名诗人，也是有名的隐士。东晋灭亡后，陶坚决归隐，誓不与新政权合作。他的举动，关系到所谓的"名节"问题，也引发了后世的长期争论。作为史学大家的梁启超，自然也有自己的一家之言，他认为渊明弃官归隐最主要的动机，是当时士大夫廉耻扫地，他纵然没有力量移风易俗，起码也不肯同流合污，把自己的人格丧掉。陈寅恪提出了针锋相对的意见，认为陶渊明"耻事二姓"才是可信的。同时，针对梁启超本人"无论从政还是从教，都不在乎在清朝还是在民国"的做派，陈寅恪批评他"取自身之思想经历，以解释古人之志尚行动"。

应该说，陈寅恪的批评不仅力道十足，而且尖酸刻薄。有好友劝他："梁公对你有知遇之恩，你这样做，就不怕别人说你忘恩负义？"陈寅恪笑答："错了，我这样做才是对梁公最大的尊重，也才没有辜负他对我的赏识和抬举。"那么，梁启超又是怎么想的呢？

"饮冰室主人"生性洒脱不羁，当有人嘲笑他"引狼入室"时，他回敬了一句耐人寻味的话："无论是批评陈寅恪还是讥讽我的人，都把我们看得太小了。"

陈寅恪得知此事后，对梁启超的人品更加钦佩了。梁启超和陈寅恪尽管常常为了一下学术分歧唇枪舌剑、互不相让，但在工作和生活中仍互相提携，相互尊重和信任，从不听信他人调版。他们在学术上是"死敌"，但在生活中是挚友，这样的君子之交及争与不争的境界无法不令人敬佩。

毋庸置疑，梁启超和陈寅恪都是大师，二人虽因一位古人结下"恩怨"，但与"名节"无关，而梁先生一个"小"字所折射出的却正是大师的"大"字！如今的学术界争斗更多，然而大师却不见了，为何？有一点是明确的，不以学术为先，凡事从所谓的"名节"入手，争斗均因派系而起，再加上论文造假、"院仕"之风渐盛，那是绝对产生不了大师的。。

萧何为官居安思危

汉代初期管理者吸取秦代灭亡教训，居安思危，采取了与民休息的政策，轻徭薄赋，奖励农耕，以巩固新生政权。这一基本国策，不仅使先秦时期的"公仆意识"有了新的内涵，也促使了西汉初年第一个有忧患意识的清廉官吏的出现，他就是萧何。

萧何，早年任秦沛县狱吏，秦代末期辅佐刘邦起义，后任刘邦的丞相，位列众卿之首。

萧何对刘邦战胜项羽，建立汉王朝起了重要作用。但在无上的尊崇面前，他没有居功自傲，因为他一直相信"祸福相依"。而后来的历史，也证明了他的处世态度的正确性。

那是在刘邦登上帝位后不久，刘邦对跟随自己打天下的人论功行赏。刘邦认为萧何功劳最大，封他为酂侯，食邑最多，被称为"开国第一侯"。

萧何身居要职，依然殚精竭虑，继续对刘邦的大汉王朝的稳定和兴盛勤勉工作。在行赏分封诸侯后，定都的问题又迫在眉睫。起初打算定都洛阳，后来考虑到关中的险要形势，决定定都咸阳，刘邦暂居栎阳。于是命丞相萧何营建咸阳。

萧何在营建咸阳时，完成了"两宫一库一仓两阁"的工程建设。两宫指长乐宫，未央宫；一库指武库；一仓指太仓；两阁指大禄阁与石渠阁。

长乐宫是汉代开国时朝廷所在地，未央宫是君臣朝会的地方。武库用于藏兵器，其用意非常明确。太仓是国家的贮备粮库，关系着千百万人的生命。天禄阁是藏典籍之所，石渠阁是藏国家档案的地方，相当重要。两阁作为国家档案馆和国家图书馆的建立，对保护文献资源，发扬传统文化做出了重大的贡献。

公元前 199 年，皇宫竣工，萧何奏请刘邦从栎阳迁都咸阳。刘邦指着未央宫的四周，对萧何道："此处可以添筑城垣，作为京邑，就叫长安吧！"从此，咸阳便更名为长安了。西汉定都于长安，历时 200 余年，萧何成为该城的最早的规划者和设计者。

建都关中，经营长安，是萧何在汉王朝正式建立之初做出的第一业绩，它起到了稳定汉政权的重大作用。此后，萧何转入了制定律法、健全制度和"无为而治"的全面建设汉王朝的工作之中。

公元前 195 年秋，黥布起兵反叛，刘邦御驾亲征。萧何因为多有功劳，刘邦曾经对他恩宠有加。但刘邦身在军中，对萧何有些不放心，就多次遣使者问相国萧何在做什么。

萧何的身边有一名都尉率领 500 名兵士做护卫，因为他圣眷日隆，众宾客纷纷道贺，喜气盈庭。萧何也非常高兴。

这天，萧何在府中摆酒席庆贺，喜气洋洋。突然有一个名叫召平的门客，

却身着素衣白履，昂然进来吊丧。萧何见状大怒道："你喝醉了吗？"

这位名叫召平的人，原是秦王朝的东陵侯。秦国灭亡后隐居家中种瓜，味极甘美，时人称之东陵

瓜。萧何入关，闻知贤名，招至幕下，每有行事，便找他计议，获益匪浅。今天，他见萧何仍未领会他的意思，便说："您不要再这样喜乐了，否则后患无穷！"

萧何不解，问道："我进位丞相，是皇帝对我的宠眷，而且我遇事小心谨慎，不敢稍有疏虞，君何出此言？"

召平说道："主上现在南征北伐，亲冒矢石。而您安居都中，不与战阵，反得加封食邑，我揣度主上之意，恐在怀疑您。您不见淮阴侯韩信的下场吗？"

萧何一听，猛然惊出一身冷汗。

召平接着说："您位极人臣，富贵之至，百姓们都亲附您。皇上之所以屡次派人来问您的情况，是怕您利用自己的威望图谋不轨。如今您何不买些民间田宅，败坏一下自己的名声，皇上对您就放心了。"

萧何恍然大悟，马上先是强买民间田宅，自污名节，然后低价卖了自己的封邑，并拿出许多家财，拨入国库，作为军需。

刘邦身在前方，每次萧何派人输送军粮到前方时，刘邦都要问："萧相国在长安做什么？"

使者回答，萧相国爱民如子，除办军需以外，无非是做些安抚、体恤百姓的事。

刘邦凯旋时，百姓们拦路上书，控告相国贱买、强买民间田宅，价值数千万之多。

刘邦回到宫中，萧何去拜见，刘邦笑着说："当相国的竟然侵夺百姓的财产，为自己谋利啊！"然后把控告信全部交给他，说，"你自己去向百姓谢罪吧！"

萧何觉得对不起百姓，乘机请求说："长安一带地方狭窄，而上林苑中空地很多白白荒废，希望您下令让百姓进去耕种，他们收了庄稼，留下禾秸作为苑中禽兽的食料。"

刘邦一听大怒，说："你一定收了很多商人的财物，替他们来算计我的上林苑！"下令交给廷尉法办，还给他上了刑具。

过了几天，刘邦手下一个姓王的卫尉问刘邦："相国犯了什么大罪，陛下怎么突然把他关起来了？"

刘邦说："我听说李斯做秦始皇的宰相时，办了好事都归功于君主，有了过失则自己承担。现在相国却收了商人们许多财物，替他们求取我的上林苑，想以此讨好百姓，所以把他关起来治罪。"

王卫尉说："在自己职责范围内，事情只要有利于民，就为他们向君主请求，这真是宰相应做的事，陛下怎么怀疑相国是接受了商人的贿赂呢？况且，当初陛下在外征战多年，那时相国留守关中，如存异心，只要稍有举动，函谷关以西就不属陛下所有了。

"相国不在那时为自己谋利，现在难道会贪图商人的金钱吗？再说秦始皇就是因为不知己过而失天下，李斯为主担过的做法，又有什么值得效法的呢？陛下怎能如此浅见地怀疑相国。"

刘邦听了，心中虽不愉快，但还是当天就遣使赦免了萧何。

萧何当时已是 60 多岁的老人了，见刘邦开恩释放了自己，更是诚惶诚恐，谨慎恭敬。虽然因为全身带上刑具，害得他手足麻木，连路都快走不动了，而且蓬头赤足，污秽不堪，但立即回府沐浴，然后上朝谢拜天子之恩。

刘邦见萧何如此狼狈，也觉得有些过意不去，便安抚萧何道："相国不必多礼。这次的事，原是相国为民请愿，我不允许。我不过是夏桀、商纣那样的无道天子罢了，而你却是个贤德的丞相。我之所以关押相国，就是要让百姓知道你的贤能和我的过失啊！"

刘邦的这段话虽然言不由衷，但对萧何的廉政为民，终于还是默认了。从此以后，萧何对刘邦更是诚惶诚恐，恭谨有加了。刘邦也照例以礼相待。

萧何虽然常驻富贵乡里，内心却一直有种忧虑，不只对生前，也对身后。他初封侯时，食邑 8000 户，后来又加封了 2000 户，而他的父子兄弟共 10 余人全都有食邑。这样的待遇算得上是全国的首富了，但他依然勤俭持家。

《史记》记载：萧何购置土地房屋，必定选择穷乡僻壤的地方，营造宅第也从来不修建围墙。

萧何曾经说过这样的话："后世贤，师吾俭；不贤，毋为势家所夺。"意思是说：后代子孙如果贤德，可以从中学我的俭朴；如果不贤无能，这种房屋也不会被有势力的人家所侵夺。

萧何的这种思想，比那些贪心不足、欲为子孙谋百世计的官吏，其实高明多了。而他身居要职，不居功自傲，能够居安思危，做人做官克勤克俭的精神，更是很值得发扬光大。

黄霸为政外宽内明

汉代初期推行教化治国，因而教化大行其道。在以教化为己任的官员中，黄霸可算是一位佼佼者。

黄霸，是西汉时期著名大臣。他性情温良懂得谦让，为政外宽内明，力劝耕桑，推行教化，治为当时第一。

黄霸自幼学习法律之学，有大志，喜欢做官，年轻时就成为乡里豪杰。汉武帝末年，他因纳钱以待诏的身份被赏官职，管理郡国钱粮的出入之数。后因为官廉正，又精明能干，足智多谋，富有领导才能，升任河南郡太守丞，成为辅助郡守的主要官吏。

黄霸善于观察，思维敏捷，又通晓法律，温和善良又能谦让，足智多谋，善于驾驭众人。他担任太守丞时，处事及议论都符合法律，适合人心，太守非常信任他，吏民都爱戴尊敬他。

汉宣帝即位时，听说黄霸执法公平，便征召黄霸担任廷尉正，多次决断疑难官司，众廷尉都称赞黄霸公平。不久，又下诏以德行最优命其担任颍川太守。

在当时，颍川郡管辖 20 多个县，有好几个县的居民聚集围攻县府，郡太守逃往京城向汉宣帝求救，要求派武将镇压"刁民"。黄霸就是在这种情况下走马上任的。

黄霸不坐轿，不骑马，不鸣锣开道，而是微服私访，骑着骡子带一个管家进入了颍川地界。一路上，他看到逃荒要饭的百姓一拨又一拨，就和这些百姓聊起来，问他们为何要背井离乡。

逃荒者说他们的土地被豪强恶霸掠夺去了，无田可种，不逃荒就得饿死。黄霸问为何不去县衙告状，逃荒者哭诉：进衙门告状，未开口先挨打，谁还敢去啊！

黄霸明白了，不是颍川"刁民"难弄，而是豪强恶霸作祟。于是他向汉宣帝写了一份奏章，火速发往京城，恳请皇上恩准在颍川开仓放粮，把颍川郡几万流亡农民安置好，这样皇上的新政新法令就能在颍川实行，颍川的"刁民"也就治理好了。

汉宣帝答应了这个合情合理的要求。所以，黄霸到颍川第一件事就是出安民告示，教化百姓，学习法令。并还派人到邻县和官道上贴告示，号召流亡农民回乡，凡回家开荒种田者发放粮食，发放种子，免税免劳役。

为了赢得百姓的信任，黄霸带头脱掉官服官靴，下地拉犁耕地。他的做法一传十，十传百，外出逃荒的流亡农民纷纷回来了。

为了让流亡农民安心，不再外逃，黄霸责令各县县令安置逃荒者，违者重罚，不听者革职，到各县暗自察访，检查督促。

他训令各县：

> 流亡农民不想造反，也不想背井离乡去逃荒。各县应该明白，这些逃荒流亡农民既是劳动力，又是社会不稳定的因素，把这些流亡农民安置好了，也是你们尽心尽职的政绩了。

黄霸到颍川上任，不光安抚平民百姓，还着力对官员进行教化，让他们心服口服。他把颍川郡 20 多个县令叫到大堂来，让他们一个个背诵汉宣帝的新政新法令"六条问事"，会背诵的就放走，不会背诵的就留下来读。他说连皇上的新政新法都不懂，如何去治理百姓？这一招比打 20 板子还疼。

有一个县令读"六条问事"读得浑身发抖跪在地上，磕头如捣蒜地说："大人，我认罪，我错了，请大人赏我一个全尸。"因为他的所作所为与"六条问事"条条沾上了边，如按法惩办，必死无疑。

黄霸认为，考察的目的应在防患于未然，而不是事发后的追究与处理。所以，那个县令和其他 20 多个县令个个心悦诚服。

所谓"六条问事"是考察地方官员的标准，内容包括不许"田宅逾制""背公向私""侵渔百姓""聚敛货赂"等。黄霸到任后将这"六条问事"法令在大街小巷到处张贴，大张旗鼓地宣传，老百姓个个知道了，人人感恩皇上，让官吏自觉遵守。

为了培养和稳定官员，黄霸大力推行教化，让他们在职位上长期工作，并尽职尽责，从不轻易替代，以避免损伤长吏。

有一个姓许的县丞，年老体衰，患有耳病，督邮将此事告诉太守黄霸，并建议赶走他。

黄霸说："许县丞是廉洁的官吏，虽然年纪老，还能做接待迎送的工作，

427

只是稍微耳聋，有什么妨碍呢？姑且好好帮助他，不要伤了贤者的心啊！"

有人问这么做的缘故，黄霸认为，频繁地更换长吏，送别旧人和迎接新人的费用，以及有的奸诈官吏在交接之际藏匿簿书，盗窃公家的财务，致使耗费非常大，而这些耗费都是从百姓那里取得的。况且所更换的新官吏又不一定贤良，有的还不如旧官吏，只是相互增加制造乱子。

他说："大凡治理之道，不能太过苛求。"因此，坚持以教化的方式对待职官。

黄霸安抚了平民百姓，教化了官员，待经济上打下了一定基础后，又开始打击豪强地主、恶霸、地痞。凡证据确凿，便狠狠地打击，让他们补足拖欠朝廷的税款，返还强占百姓的土地、粮食、牲畜、房屋。

当然，黄霸也不忘教化他们，给他们出路，让其全家老小开荒种田，自食其力。其他豪强地主害怕了，便老老实实上缴税收，偷偷地返还强占来的土地，黄霸也就不再追究。

黄霸又鼓励农民种树、养猪、养鸡鸭、养蚕桑，并下令禁止用粮食喂马，把汉宣帝的休养生息政策逐一贯彻，使百姓安居乐业而感恩皇上。

这一方法也使那些顽固不化的豪强地主不敢轻举妄动，因为他们害怕戴上反抗朝廷的罪名。

黄霸颍川大刀阔斧、布施恩德，经过几年的精心治理，颍川出现了"田者让畔、道不拾遗"的太平景象，实现了汉宣帝倡导的国家安治。而黄霸也因为他的外表宽厚而内心清明，得到了官吏和百姓的爱戴。

汉宣帝认为黄霸是良吏中政绩保存时间最长的优秀者，于是下诏称赞他：

颍川太守黄霸，宣布诏令，百姓向往教化，子孝、弟悌、妇贞、

孙顺一天比一天增多，耕作者相让于田界，道不拾遗，看顾鳏寡之人，

供养贫穷之人，有的监狱八年没有犯大罪的囚犯，吏民向往教化，

品行道义兴起，可称得上是贤人君子了。

汉宣帝认为黄霸贤能，封爵关内侯，赐黄金 100 斤，俸禄 2000 石。黄霸却把 100 斤黄金捐献给颍川郡治理河道，自己分文不留。此后不久，汉宣帝征召黄霸担任太子太傅，后迁升为御史大夫。

黄霸的才能在于擅长管理百姓，东汉史学家班固评论说："自从汉朝建立以来，要讲治理百姓的官吏还是数黄霸第一。"

召信臣一心为民兴利

西汉时期由于实行与民休息的基本国策，因此能否为百姓谋福利，被认为是判定一个官员是否合格的重要标志之一。召信臣继承勤俭廉政传统，为官励精图治，为民兴利，堪称一个合格的父母官，赢得了时人和后世的赞誉。

召信臣，因明经甲科出身任职郎中，补授谷阳长。后因官吏的考绩优等，升迁为上蔡长。他为官视民如子，所到之处都为民众称颂。后越级提拔为零陵太守，又因才调任南阳太守。

召信臣任南阳太守时，正是西汉王朝由极盛开始衰败的时期。南阳与其他地方一样，旧的风俗盛行，腐败的社会风气使南阳社会秩序混乱，盗贼横行，百姓苦不堪言。

在当时，南阳民间遇到红白喜事都要大操大办，破费巨大，弄得百姓叫苦不迭。许多人家因嫁女娶媳生老病终而花费大量钱财，从而数

年不得翻身。有的只图一时好看而忍痛借高利贷，最终家庭破败。

召信臣深知陋俗的危害，下决心改变这股恶习。他一面大力倡导勤俭节约、量力而行，一面下令禁止婚丧嫁娶时铺张浪费。从此以后，南阳风俗大变。

南阳地区地主势力很大，攀比之风更盛，豪富们与府县官吏、游手好闲的纨绔子弟相互勾结，依仗权势，推波助澜，鱼肉乡里。

召信臣对南阳的地主势力非常反感，曾对他们多有规劝，晓以利害，并根据实际情况采取不同的处置办法。对游手好闲的责令痛改前非，对已经当官的罢黜不用，对违法乱纪的则绳之以法，严厉打击了地方恶势力。一时间，南阳社会安定，盗贼狱讼之事罕见，郡中之人莫不努力耕稼农田。

召信臣为人勤奋努力，有办法有谋略，喜欢替老百姓兴办有益的事，一心要使他们富裕。他亲自鼓励百姓从事农业生产，在田间小路出入，停留和住宿都不在乡里的亭台馆舍中，很少有安闲地休息的时候。

他巡视郡中的水流泉源，开通沟渠，修筑水闸和防水的堤坝总共几十处。先后修成六门堰、钳卢陂等著名水利工程，溉田多至 20 万公顷，南阳遂成为与关中郑国渠、成都都江堰齐名的全国三大灌区。百姓得到了水利工程带来的好处，有了多余的粮食来贮藏。

他为百姓制定了均衡分配水源的规定，刻在石碑上竖立在田边，以防止争斗。

府县官吏家中子弟喜欢闲游，不把耕田劳作当重要的事看待，他就斥责罢免他们，严重的还要追究他们，用行为不法的罪名处治他们，以此表明他崇尚劳动厌弃懒惰。

召信臣管治的地方教化得以广泛推行，郡中的人没有谁不尽力从事农业生产，百姓归依他，住户人口成倍增长，盗贼和诉讼案件减少以至于杜绝。

召信臣千方百计除奢靡之风，倡导勤劳节俭，深受百姓欢迎，百姓都称他为"召父"。为纪念这位"召父"，南阳吏民为他立祠造庙，世世祭祀不绝。

当时南阳郡归属荆州刺史部，荆州刺史曾经上报召信臣替百姓做好事，他管辖的郡因此充实富足。皇帝赏赐召信臣黄金 40 斤，又迁召信臣为河南太守。召信臣一如既往，治行考核常常都是第一等。

汉元帝最后一年，召信臣升任少府。他坚持勤俭治国节约开支。任职不久，奏请压缩土木工程，一些皇帝很少光顾的宫馆，停止修葺和铺张陈设。又奏请取消由宦官组成的皇家乐队，提议将供给宫馆卫队的物品削减一半。这样，在一定程度上限制了腐化风气的发展。

召信臣任少府以前，太官园中就已经种植冬天生长的葱、韭菜等蔬菜。这些植物种在暖房中，白天夜晚都要燃烧没有光焰的火，植物也要等达到一定的温度时才能生长。这样的温室耗资可想而知。

召信臣任少府后，认为这些设施劳民伤财，应该取消。于是，他提出这些都是不合季节的东西，对人体有害，不适合用来供奉给皇上，就奏请皇帝免除这一切。仅这一项，每年节约开支数千万钱。

《汉书》中，两次将召信臣列为西汉"治民"的名臣之一，可见在当时召信臣也已声名卓著。后世人认为，召信臣对南阳的贡献，足以和修都江堰的李冰对四川、开"漳河十二渠"的西门豹对邺县的贡献相媲美。

济世救人的药王孙思邈

孙思邈 7 岁时读书，就能"日诵千言"，每天能背诵上千字的文章。西魏大将独孤信赞其为"圣童"。但是，孙思邈幼年体弱多病，汤药之资罄尽家产。由于幼年多病，他 18 岁立志学医，20 岁即为乡邻治病。

孙思邈对古代医学有深刻的研究，对民间验方十分重视，一生致力于医学临床研究，对内、外、妇、儿、五官、针灸各科都很精通，有多项成果开创了我国医药学史上的先河。特别是在论述医德思想，倡导妇科、儿科、针灸穴位等方面，都前无古人。

孙思邈是继张仲景之后我国第一个全面系统研究中医药的先驱者，为祖国的中医发展建树了不可磨灭的功德。

孙思邈治疗过很多病人，并把各个病人的病状和在医疗过程中的情况，详细记录下来。他在总结自己行医经验，参考大量古今资料的前提下，创作了《千金要方》和《千金翼方》等重要著作。从孙思邈的医学著作里我们可以看出，他既有实事求是的科学精神，又有卓越的创造才能。

在治疗疑难杂症方面，孙思邈有独到的见解和方法。他善于总结经验，并且根据自己长期的临床实践，创造性地提出了很多治疗疾病的有效方法。

在当时，山区的人很容易患粗脖子病，这就是现代医学所说的因缺碘导致的单纯性甲状腺肿大。孙思邈当时虽然不知道什么叫作碘质，但他已经知道这种病是由于久居山区而引起的，并且用昆布、海藻等含碘丰富的动、植物，完全可以治疗这种病。

对于医治夜盲症和脚气病的方法，孙思邈说，牛肝明目，肝补肝，明目。他用动物肝脏给患夜盲症的人当药服用，而动物的肝脏正是含有大量维生素 A。

对于医治脚气病，孙思邈则用杏仁、防风、吴茱萸、蜀椒等含维生素 B 很多的药品来治疗。他还说，用谷皮煮汤和粥吃，可以防止脚气病，而谷皮也是含有一定的维生素 B。

在药物研究方面，孙思邈除了研究治疗营养缺乏病的药物以外，对一般药物也很有研究。例如他用白头翁、苦参子、黄连治疗痢疾，用

常山、蜀漆治疗疟疾，用槟榔治绦虫，用朱砂、雄黄来消毒等，都收到了很好的效果。

他在著作中列举了 600 多种药材，其中有 200 多种都详细地说明了什么时候可以采集花、茎、叶，什么时候适宜于采集根和果。

孙思邈还曾经用疯犬的脑浆来治疯犬病。这就是所谓"以毒攻毒"，用毒物和病菌来增强人的抗病力量。这与后来用种牛痘来预防天花，接种卡介苗防止肺结核，以及用其他种种疫苗来预防疫病是同一个道理。

孙思邈还提出妇儿分科的主张，特别注意妇女和小儿疾病的医治。他在自己的著作中阐释了相关的治疗指导思想：没有小儿就没有大人，如何把小儿抚育好，是很重要的问题。他的著作首先讲妇女和小孩的疾病，然后再讲成年和老年的疾病。

孙思邈特别指出，妇女的病和男子的病不同，小儿的病和成年人的病不同，所以在治疗时应该特别注意。

孙思邈主张小儿病和妇女病都应该另立一科，后来妇科、小儿科医学理论和医疗技术的发展，证明孙思邈这一主张的正确。

孙思邈在他的著作中，对于如何处理难产，如何治疗产前产后的并发症，有详细的说明。

孙思邈说："孕妇不能受惊，临产的时候精神要安静，不能紧张，接生的人和家里的人都不能惊慌，或者流露出忧愁或不愉快的情绪。"他认为这些都容易引起难产或产妇的其他病症。

另外，孙思邈对于胎儿和小儿的发育程序的记载，也是很正确的。婴儿生下来以后，要立刻擦去小嘴里的污物，以免窒息或者吃下去引起疾病。婴儿生下来如果不哭，就要用葱白轻轻敲打，或者对小嘴吹气，或者用温水给婴儿沐浴，直至婴儿能哭出声来为止。这一切都是合乎科学的。

关于抚育小儿，孙思邈主张衣服要软，但不能太厚、太暖。要把小儿时

君子无所争

常抱到室外去晒晒太阳，呼吸新鲜空气，否则小儿会像长在阴暗地方的花草，身体一定软弱。小儿吃东西也不能过饱。他还对选择乳母的条件，哺乳的时间、次数和分量，以及其他种种护理方法，也都做了说明。

他的这些见解，到今天都还有一定的实践意义。

孙思邈还提供了预防疾病的方法。讲求卫生、预防疾病，在孙思邈的医学思想上占着重要的地位。

孙思邈在《千金方》里，曾经介绍用苍术、白芷、丹砂等来消毒的方法，防止病菌的传播。他告诫人们不要随地吐痰，注重公共卫生。

孙思邈特别提醒人们，要注意节制身心活动，不要过分疲劳。

他说："人一定要劳动，但不要过分疲劳。"他还强调合理饮食。他说："吃东西要嚼烂、缓咽，不要吃得过饱，饮酒不能过量，肉要煮烂再吃。"

此外，他还劝大家饭后漱口，睡眠时不要张着口，不要把头蒙在被子里睡，不要在炉边或露天睡眠等。上述这些建议都是值得被采纳的有效措施。孙思邈能够活到100多岁，这同他注意卫生、预防疾病有很大的关系。

孙思邈在针灸方面有突出的贡献。他绘制了《明堂针灸图》，对针灸的腧穴加以统一。他强调针、药应该并用，他说："针而不灸和灸而不针，不是好医生；针灸而不药，或药而不针灸，也不是好医生。针药并用，才是良医。"

这种用综合治疗方法来提高医疗效果的思想，扁鹊和华佗都很重视，孙思邈则特别加以提倡。这种思想，今天已得到了很大的发展。

孙思邈提出"大医精诚"的宏论，至今仍对临床医生具有广泛的教育意义。

他要求医生对技术要精，对病人要诚。他认为医生在临症时应安神定志，精力集中，认真负责。不得问其贵贱贫富，长幼美丑，怨亲善友，本族外族，聪明愚昧，应该要一样看待。在治疗中，医生要不避危险、昼夜、寒暑、饥渴与疲劳，全心赴救病人，不得自炫其能，贪图名利。

事实上，这也正是孙思邈身体力行，躬身实践的写照。

孙思邈在医药医疗上还创造了很多个"第一"：第一个完整论述医德；第一个治疗麻风病；第一个发明手指比量取穴法；第一个创立"阿是穴"；第一个提出用草药喂牛，而使用其牛奶治病的人；第一个提出并试验成功野生药物变家种；第一个发明导尿术等。

孙思邈一生以济世活人为己任，他的高尚医德和高超医术足为百世师范！

我国科学史上之翘楚沈括

沈括生于一个官僚家庭。他的祖父、父亲、外公、舅舅都做过官，母亲许氏，又是一个有文化教养的妇女。在良好的家庭环境中，沈括14岁就读完了家中的藏书。

后来他跟随父亲到过福建、江苏、四川和京城开封等地，有机会接触社会，对当时人民的生活和生产情况有所了解，增长了不少见闻，也显示出了超人的才智。

1063年，沈括考中进士，此后，他参与王安石变法运动，赴两浙考察水利，出使辽国，任翰林学士，整顿陕西盐政等。他文武双全，不仅在科学上取得了辉煌的成绩，而且为保卫北宋的疆土也做出过重要贡献。

北宋时期，阶级矛盾和民族矛盾都十分尖锐。辽和西夏贵族统治者经常侵扰中原地区，掳掠人口牲畜，给社会经济带来很大破坏。

沈括坚定地站在主战派一边，在1074年担任河北西路察访使和军器监长官期间，他攻读兵书，精心研究城防、阵法、兵车、兵器、战略战术等军事问题，编成《修城法式条约》和《边州阵法》等军事著作，把一些先进的科学技术成功地应用在军事科学上。

沈括还对弓弩甲胄和刀枪等武器的制造进行过深入研究，为提高兵器和装备的质量做出了一定贡献。

沈括辛勤努力，刻苦钻研，终于获得了辉煌的科学成就。这些成就集中体现在他晚年于镇江梦溪园写成的《梦溪笔谈》一书中。

《梦溪笔谈》不仅为我们介绍了我国古代劳动人民在科学技术方面的成就，保存了丰富的极有价值的资料；同时也使我们了解到这位杰出的学者在科学上的贡献和认真不苟的研究态度。

《梦溪笔谈》共 26 卷，另有《补笔谈》3 卷，《续笔谈》1 卷，共 609 条。涉及的方面非常广泛，内容极其丰富。下面分别就天文、历法、数学、物理、化学、地学、医药和生物、历史与考古、艺术等主要内容略加介绍。

在天文方面，据《梦溪笔谈》记载，沈括曾连续用了 3 个月的时间，每

天夜间用天文测量用的"窥管"观测北极星的位置。他把初夜、中夜和后夜所看到的北极星的方位分别画在图上，一共画了 200 多幅图。经过精心研究，最后他得出了当时北极星同北极的距离为 3 度多的科学结论。

在历法方面，沈括主张实行阳历，就是不以月亮的朔望定月，而是根据节气定月，取消闰月，也就是把一年分为 12 个月，大月 31 天，小月 30 天。实行这种历法，就可以避免计算和安排闰月的麻烦，同时节气也会更准确。

这是一种科学、进步的历法，当

时如能采用，对农业生产是有很大便利的。但是由于保守派的反对，他的新历法没有被采用。

沈括的新历法当时虽然没有实行，但是在他的援引和帮助之下，当时一位平民出身的历算家卫朴得以进入司天监，担任改革旧历法的工作。经过5年的努力，卫朴完成了一部比前代历法更为精密准确的《奉元历》。这部《奉元历》曾在宋朝颁行了18年。

沈括在数学方面也有精湛的研究。他从实际计算需要出发，创立了"隙积术"和"会圆术"。沈括通过对酒店里堆起来的酒坛和垒起来的棋子等有空隙的堆体积的研究，提出了求它们的总数的正确方法，这就是"隙积术"，也就是二阶等差级数的求和方法。

沈括的研究，发展了自《九章算术》以来的等差级数问题，在我国古代数学史上开辟了高阶等差级数研究的方向。

此外，沈括还从计算田亩出发，考察了圆弓形中弧、弦和矢之间的关系，提出了我国数学史上第一个由弦和矢的长度求弧长的比较简单实用的近似公式，这就是"会圆术"。

"会圆术"的创立，不仅促进了平面几何学的发展，而且在天文计算中也起了重要的作用，并为我国球面三角学的发展做出了重要贡献。

在物理方面，沈括发现了地磁偏角。《梦溪笔谈》记载了一些有关磁学的知识。

沈括除了用磁石磨制钢针，制成了人造磁性指南针之外，还在《梦溪笔谈》中介绍了自己所发明的支挂指南针的4种不同的方法：第一种是浮在水面上；第二种是搁在指甲上；第三种搁置在碗边上；第四种用丝悬挂着。

4种方法以悬丝法最为完善，最适宜于在动荡不定的海船上使用。沈括发现指南针所指的方向不是正南而稍微偏东的现象，这就是现代物理学所称的"磁偏角"。

在光学方面，沈括也有重要发现。当他看见凹面镜映入的物体呈现倒影现象后，便进行反复试验：用手指对准镜面，镜面上映出的是正像；但当他把手指向后移到焦点上时，镜面上的影像就看不见了。然后他再把手指离开焦点逐渐向外移开，镜面上便出现了倒像。他还用凹面镜做过向日取火的实验。沈括通过这些实验最后得出光线通过小孔同焦点形成"光束"的光学原理。

在化学方面，沈括也取得了一定的成就。他在任职延州时曾经考察研究延州境内的石油矿藏和用途。他利用石油不容易完全燃烧而生成炭黑的特点，首先创造了用石油炭黑代替松木炭黑制造烟墨的工艺。

他已经注意到石油资源丰富，还预测到"此物后必大行于世"，这一远见已为今天所验证。另外，"石油"这个名称也是沈括首先使用的，比以前的石漆、石脂水、猛火油、火油、石脑油、石烛等名称都贴切得多。

在《梦溪笔谈》中有关"太阴玄精"的记载里，沈括根据物质形状、潮解、解理和加热失水等性能的不同，区分出几种晶体，指出它们虽然同名，却并不是一种东西。他还讲到了金属转化的实例，如用硫酸铜溶液把铁变成铜的物理现象。

他记述的这些鉴定物质的手段，说明当时人们对物质的研究已经突破单纯表面现象的观察，而开始向物质的内部结构探索进军了。

沈括在地学方面也有许多卓越的论断，反映了我国当时地学已经达到了先进水平。他正确论述了华北平原的形成原因：根据河北太行山山崖间有螺蚌壳和卵形砾石的带状分布，推断出这一带是远古时代的海滨；而华北平原是由黄河、漳水、滹沱河、桑乾河等河流所携带的泥沙沉积而形成的。

当他察访浙东的时候，观察了雁荡山诸峰的地貌特点，分析了它们的成因，明确地指出这是由于水流侵蚀作用的结果。他还联系西北黄土地区的地貌特点，作了类似的解释。

他还观察研究了从地下发掘出来的类似竹笋以及桃核、芦根、松树、鱼蟹等各样化石，明确指出它们是古代动物和植物遗迹，并根据化石推论了古代自然环境。这些都表现了沈括可贵的唯物主义思想。

沈括视察河北边防的时候，曾经把所考察的山川、道路和地形，在木板上制成立体地理模型。这个做法很快便被推广到边疆各州。

1076年，沈括奉旨编绘《天下州县图》。他查阅了大量档案文件和图书，经过近20年坚持不懈的努力，终于完成了我国制图史上《守令图》这部巨某著。

这是一套大型地图集，共计20幅，其中有大图1幅，长1.2丈，宽1丈；小图1幅；按当时行政区划，全国分作18路，据此制作各路图18幅。图幅之大，内容之详，都是以前少见的。

在制图方法上，沈括提出分率、准望、互融、傍验、高下、方斜、迂直等9个方法。他还把四面八方细分成24个方位，使图的精度有了进一步提高，为我国古代地图学做出了重要贡献。

沈括还应用比例尺的办法来表明地图上的实际距离。他在地图上把50千米缩成2寸，绘成一部"天下郡县图"，同时又把全国郡县的位置用文字详细准确地记录下来。这样，即使地图遗失了，还可以根据记录重新绘制。

沈括所用的这种绘图方法是很科学的。我们现在用的一般地图，除了测量地形用的仪器比以前更精确和利用经纬线以外，基本原理和沈括所用的并没有什么不同。

沈括对医药学和生物学也很精通。他在青年时期就对医学有浓厚兴趣，并且致力于医药研究，收集了很多验方，治愈过不少危重病人。同时他的药用植物学知识也十分广博，并且能够从实际出发，辨别真伪，纠正古书上的错误。曾经提出"五难"新理论。

沈括的医学著作有《沈存中良方》等。现存的《苏沈良方》是后人把苏轼的医药杂说附入《良方》之内合编而成的，现有多种版本行世。《梦溪笔谈》及《补笔谈》中，都有涉猎医学，如提及秋石之制备，论及44种药物之形态、配伍、药理、制剂、采集、生长环境等。

在历史与考古方面，《梦溪笔谈》中保存了许多有价值的科学史资料。最主要的是关于活字板印刷术、水利和建筑方面的记述。

《梦溪笔谈》中关于活字板印刷术的记载，是我们今天对于毕昇的活字板印刷术的设备和使用情况所能得到的唯一详尽的资料。我们今天还能够这样清楚地了解到1000多年前这一伟大发明的情形和具体操作方法，这不能不归功于沈括。

《梦溪笔谈》中记录了一些重要历史事件的真实情况，特别是对于993年四川王小波、李顺所领导的农民起义有一段比较详细的记述。

他在这一段记载中以生动、凝练的文字记下了起义军的进步政策和严明的纪律。从中我们可以看出，沈括本身虽然是封建统治阶级中的人物，但是他对于农民起义的记载还是比较真实的，敢于揭露历史的真相。

此外，沈括在《梦溪笔谈》中对于许多出土文物的时代、形状、文字、花纹及古代的服装、度量衡制度等，都加以详细的考证。他在这方面所做出的劳绩，对于宋朝新兴起来的考古学的发展，起了很大的推动作用。

在艺术方面，《梦溪笔谈》这部书不但叙事明确，逻辑性很强，而且文字生动、简练、优美，富有文学色彩，让我们可以从中看出他在文学方面造诣之深。

沈括对于音乐和美术都有很深的爱好。《梦溪笔谈》卷5专论音乐，卷17专论书画。他对古代音乐理论、乐器的制作和使用方法以及少数民族的音乐都有精心的研究，而且还会作曲。他曾写过《乐论》《乐器论》《三乐谱》《乐律》4部著作，可惜这些著作也都失传了。

关于美术，沈括曾指出，当时有一派画家所画的山上亭馆、楼塔、屋檐等，看起来好像都是以从下向上仰视的角度所画出来的形象，从整个画面来说，这种角度是不对的。

因为观画的人并不是置身在画境之中而是站在画面之外，不是仰视而是平视，有如观看盆景中的假山一样。沈括认为如果从下而上仰视的角度来看，只会看见一重山或一幢房屋。因此，前面说的那种画法显然是不对的。

以上所举的一些例子，只不过是《梦溪笔谈》一书的简单轮廓。《梦溪笔谈》广泛地包罗了各方面的知识，但最主要的是关于自然科学方面的研究成果的记录。

《梦溪笔谈》不仅是沈括个人一生辛勤研究的结晶，也是我国劳动人民千百年来积累下来的科学经验的总结。它无疑是祖国文化宝库中的一颗明珠，至今还闪烁着灿烂的光辉。有人把《梦溪笔谈》这部书称作我国科学史上的"坐标"，把沈括称为"中国科学史上最卓越的人物"，确是实至名归。

当然，由于时代的限制，这部书也同古代其他许多笔记一类的书籍一样，用了相当的篇幅记载了许多迷信荒诞的故事。不过与《梦溪笔谈》的巨大成就相比较，它的缺点还是瑕不掩瑜的。

宋代数学家秦九韶

秦九韶从小聪敏勤学，1231 年，考中进士，先后在湖北、安徽、江苏、浙江等地担任县尉、通判、参议官、州守等职。

据史书记载，他"性及机巧，星象、音律、算术以至营造无不精究"，还尝从李梅亭学诗词。他在政务之余，以数学为主线进行潜心钻研，而且应用范围至为广泛：天文历法、水利水文、建筑、测绘、农耕、军事、商业金融等方面。

1244 年至 1247 年，秦九韶在湖州为母亲守孝，3 年期间，他把长期积累的数学知识和研究所得加以编辑，写成了举世闻名的数学巨著《数书九章》。书成后，并未出版。

君子无所争

原稿几乎流失，书名也不确切。后历经宋、元至明代，此书无人问津，直至明永乐年间，在明朝学者解缙主编《永乐大典》时，才被记书名为《数学九章》。又经过 100 多年，经王应麟抄录后，由王修改为《数书九章》。

此书不但在数量上取胜，重要的是在质量上也是拔尖的。从历史上来看，秦九韶的《数书九章》可与《九章算术》相媲美；从世界范围来看，秦九韶的《数书九章》也不愧为世界上的数学名著。

他在《数书九章》序言中说：

> 数学大则可以通神明，顺性命；小则可以经世务，类万物。

所谓"通神明"，即往来于变化莫测的事物之间，明察其中的奥秘；"顺性命"，即顺应事物本性及其发展规律。在秦九韶看来，数学不仅是解决实际问题的工具，而且应该达到"通神明，顺性命"的崇高境界。

《数书九章》全书共 9 章 9 类，18 卷，每类 9 题共计 81 个算题。

该书著述方式，大多由"问曰""答曰""术曰""草曰"四部分组成："问曰"，是从实际生活中提出问题；"答曰"，是给出答案；"术曰"，是阐述解题原理与步骤；"草曰"，是给出详细的解题过程。另外，每类下还有颂词，词简意赅，用来记述本类算题的主要内容、与国计民生的关系及其解题思路等。

此书概括了宋元时期中国传统数学的主要成就，尤其是系统总结和发展了高次方程的数值解法与一次同余问题的解法，提出了相当完备的"正负开方术"和"大衍求一术"。对数学发展产生了影响。

绘事后素

子夏问曰："'巧笑倩兮，美目盼兮，素以为绚兮'何谓也？"子曰："绘事后素①。"曰："礼后乎？"子曰："起予者商也②，始可与言'诗'已矣。"

子曰："夏礼吾能言之，杞③不足徵④也；殷礼吾能言之，宋⑤不足徵也。文献⑥不足故也。足，则吾能徵之矣。"

【注释】

①绘事后素：绘，画。素，白色。

②起予者商也：起，启发。予，我，孔子自指。商，子夏名商。

③杞：春秋时国名，是夏禹的后裔，在今河南杞县一带。

④徵：证明。

⑤宋：春秋时国名，是商汤的后裔，在今河南商丘一带。

⑥文献：文，指历史典籍；献，指贤人。

【解释】

子夏问孔子："'笑得真好看啊，美丽的眼睛真明亮啊，用素粉来打扮啊。'这几句话是什么意思呢？"孔子说："这是说先有白底然后画画。"子夏又问："那么，是不是说礼乐也是在仁义之后呢？"孔子说："商，你真是能启发我的人，现在可以同你讨论《诗经》了。"

孔子说："夏朝的礼，我能说出来，但是它的后代杞国不足以证明我的话；殷朝的礼，我能说出来，但它的后代宋国不足以证明我的话。这都是由于文字资料和熟悉夏礼和殷礼的人不足的缘故。如果足够的话，我就可以得到证明了。"

【故事】

晏子开明机智救人

一天，齐景公亲自到山上捉鸟。他看见一只漂亮的鸟，刚要射箭，忽然传来一阵砍柴声，把鸟惊飞了。齐景公立刻喊道："把那个砍柴的抓起来，带回去收拾他！"

这时，一个随从跑过来告诉齐王："那边有一个鸟窝，里面有响声。"

齐王走过去一看，鸟窝里有一只刚出生不会飞的小鸟，不停地叫，齐王觉得小鸟怪可怜的，就把它送回窝里了。

等齐王回宫，晏子问："大王今天捉了几只鸟？"

"捉到一只，我看它不会飞怪可怜的，又放回窝里了。"

晏子听完，转身向北拜了几拜，然后高声说："我们大王今天做了圣人做的事啊！"

齐景公不以为然地说："这跟圣人有什么关系呢？"

晏子说："这件事虽小，可我看得出，您对鸟兽都有仁爱之心，我想，今后您一定会更加关心百姓，所以，我说您是做了一件圣人做的事啊！"

齐景公听了这话，想起押回来的那位砍柴人，忙说："快放了那个砍柴人吧，我要做一个好国君。"

诸葛亮坚持勤俭廉政

诸葛亮的形象在世人眼中，除了神机妙算的军事才能外，洁身自好，忠君、爱国、为民等这些中华民族优秀的品质，在他身上都能找到许多事例。他一生勤于政事，爱护百姓，廉洁奉公。其精髓就是勤俭廉政，令世人感怀至深。

诸葛亮，三国时期的蜀汉丞相，是杰出的政治家和军事家。青少年时期历经忧患苦难，亲身参加农业劳动，这就使他具有平民的特质。后来登上相位，仍然自称是"东方下士""一介布衣"，在他身上没有什么特权思想。

诸葛亮十分赞赏春秋时期楚国廉吏孙叔敖的节俭作风，特地发布"教令"，以孙叔敖事迹律己励人，既以身作则，也号召部属向孙叔敖学习，养成节俭之风。

诸葛亮在平定南中诸郡的叛乱中，为了减轻人民的负担，节约朝廷的开支，他两天只吃一天的饭，"深入不毛，并日而食"，其艰苦程度可想而知。诸葛亮从不贪污受贿，这是古今所公认的。

他的家里没有存款，妻子黄氏连像样的换洗衣服也没有，其清贫可见一斑。

诸葛亮在《自表后主》一文中曾经自报家产说道：

今成都有桑八百株，薄田十五顷，子弟衣食，自有余饶。至于臣在外任，无别调度，随身衣食，悉仰于官，不别治生，以长尺寸。若臣死之日，不使内有余帛，外有盈财，以负陛下。

这是诸葛亮的一份家庭财产申报单。

"桑八百株，薄田十五顷"，按照汉代和三国时期的官俸制度，15顷薄地，这在当时地广人稀的四川，实在不算多；"子弟衣食，自有余饶"，当指诸葛亮的家人在妻子黄氏带领下从事种植和蚕桑等农事活动，可保温饱无虞。至于自己的衣食起居，自然靠官俸维持；"不别治生，以长尺寸"，这显然指俸禄之外，没有别的生计，不搞经营，也不依靠别的收入发财致富。

尽管诸葛亮的合法收入在当时本该是很高的，但他"内无余帛，外无盈财"。这是诸葛亮毕生追求和实践的清正廉洁的理想境界。

诸葛亮廉洁自律，在蜀国官吏中起到了积极作用。史载他任用的官员，大多勤于政事，廉洁自律。

例如，大将军录尚书事费神祎"家不识财，儿子毕布衣素食，出入无从骑，无异凡人"；名将姜维"据上将之重，外群臣之右""宅舍弊薄，资财无余"；邓芝生活俭朴，家无私产，连妻子也"不免饥寒"，死时也"家无余财"。

诸葛亮治家也以节俭为宗旨。他在《诫子书》中告诫儿子，"静以修身，俭以养德"，淡泊明志，宁静致远，学以广才，励精冶性，珍惜光阴，务求"接世"。

严格的家教，使得诸葛一家，上至夫人，下及子孙，满门英烈，世代忠良。

诸葛亮深知，倡行勤俭廉政，如果没有法律制度的严格监督，则贪污渎职，"作奸犯科"之人将难以受到制裁，而廉洁奉公勤恳负责之人，反而会湮没不彰，甚至受到排挤打击。因此，必须厉行法制赏功罚过，以树立严明公正的政风。为此，诸葛亮主张加强教化，实行以法治国。

诸葛亮十分重视教化，注重宣传教化的风气，有悖于法令的话不说，触犯法制的事不做。同时，要求各级执法官吏必须以身作则，然后才能"正己教人"。

为了搞好勤俭廉政，诸葛亮对各级官员提出了严格的要求，做"八务、七戒、六恐、五惧，皆有条章，以训厉臣子"。

所谓"八务"，即要求各级官吏在做好本职工作时必须完成的8项任务；至于"七戒""六恐""五惧"，显然是对足以引起人们应戒、应恐、应惧的各种情况提出警告，以免违法乱纪。

当教化无效时，诸葛亮就认为必须无党无偏，依法究办，特别坚持"刑不择贵"、"诛罚不避亲戚"的原则，通过法制本身的严肃性、公正性，来教育广大臣民。

诸葛亮以"法不阿近"影响军内外。他在一出祁山时，因马谡失掉街亭而挥泪斩之，并写了《街亭自贬疏》。这就是一个鲜明的例子。

诸葛亮的勤俭廉政思想，其主旨是以"安民"为根本，以勤劳任职、廉洁爱民为要务，以法令为制衡，从而达到民富国强的目的。

诸葛亮病危时，要求把他的遗体安葬在汉中定军山，丧葬力求节俭，依山造坟。他在遗嘱中说："冢足容棺，殓以时服，不须器物。"意思是墓穴切不可求大，只要能容纳下一口棺木即可；入殓时，只穿平时便服，不放任何陪葬品。

这简短的3句话，是诸葛亮廉洁自律、高风亮节的具体体现，其至真至诚，惊世骇俗，感人寰，泣鬼神，成为千古之典范。

诸葛亮的智慧、作为、人品、治国方略、理民之干和军事才华，构成了那个时代伟人的真身。他以实际行动验证了自己"鞠躬尽瘁，死而后已"的诺言，在当时就受到了敌我友各方的肯定。如他的老对手司马懿曾赞叹说："天下奇才也！"

诸葛亮勤俭廉政，励精图治，他的风范被当作民族精神而一代一代传承，历朝历代都把诸葛亮作为智慧的化身、精神的楷模。

胡质做官追求清廉

胡质，曹魏时期官员。他为人正直善良，执政廉洁清白，为世人所称道。

胡质年轻时就在江淮之间闻名，在州郡任职。后来被举荐给曹操，曹操于是任胡质为河南濮阳顿丘令。后来历任丞相东曹令史，扬州治中。胡质任扬州治中时，将军张辽与其护军武周有矛盾，就请胡质出任幕僚，胡质以病推托。

张辽对胡质说："我有心任你做官，你为什么辜负我的厚意呢？"

胡质说："古人相交，看他索取很多，但仍相信不贪；看他临阵脱逃而仍相信他不怯，听说流言而不为所动，这样交情才可以长久啊！武周身为雅洁之士，以前您对他赞不绝口，而今只为一点小事，就酿成矛盾。何况我胡质才能浅薄，怎么能始终得到您的信任呢？因此我不愿意就职。"

张辽很受感动，与武周重归于好。

曹操听说了这件事，认为胡质为人正直善良，就召任他为丞相长史。

黄初年间，胡质转任吏部郎、常山太守，后迁任东莞太守。在东莞期间，他秉公办案，明察暗访，曾使东莞士人卢显被杀一案水落石出，人们交口称赞，

说他是个清官。

胡质每得到赏赐，都分给众人，从不收藏家中。在东莞郡任职9年，吏民安居乐业，将士恭敬从命。胡质任荆州刺史时，他的儿子胡威从京都来看望他。由于家境清贫，没有车马和童仆，胡威只得独自赶着毛驴前来探望父亲。

胡质父子在荆州相聚了10余天后，儿子胡威要返回京都了。临别时胡质拿出一匹细绢，送给儿子以作为归途中的盘缠。

胡威见到这匹细绢，竟然大吃一惊，忙向父亲跪下，不解地问道："父亲大人，您一向廉洁清白，不知是从哪儿得到这匹细绢？"

胡质深知儿子的心意，高兴而又坦然地笑着对儿子说："孩子有所不知，这不是赃物贿品，而是我从薪俸中节省下来的，所以用来给你做路上的盘缠。"

胡威听父亲这么一说，才伸手接过细绢，告辞了父亲。胡威独自赶着毛驴踏上了归途。一路上，他每到客栈，都是自己放驴、劈柴煮饭，从不雇用别人。同住客栈的人得知他是荆州刺史胡质之子后，无不惊讶，又无不钦佩。

3天后，一位自称去往京都的人，提出与胡威同行。此人谈笑风生，为人慷慨大方，自和胡威同行之后，百般殷勤地照料着胡威。他不仅处处帮着胡威筹划出主意，有时还请胡威吃喝。

这样一连几天，胡威心中暗暗地纳闷了。心想，此人看来心眼并不坏，但他与我素不相识，为什么对我一见如故，又如此百般殷勤呢？胡威对他的行为产生了怀疑。

原来，此人是胡质属下的一个都督，早就有意想巴结讨好胡质，但听说胡质为人正派清廉，最不喜欢溜须拍马的人，所以一直没找到合适的理由和时机。这次，他听说胡质的儿子要独自回京都，自认为是个献殷勤的大好机会，于是他探听得胡威启程的日子，就提前以请假回家为理由，提前做好了准备，暗中带着衣食之物，在百里外的地方等着胡威，以便同他结伴而行。所以，他等到胡威后，才有这一番表现。

胡威在多次与那人进行的谈心中，终于得知了真情。于是，胡威立即从自己的行包中取出了父亲送给他的那匹细绢，递给这位都督，以此偿还他一路花销的费用和情意。这位都督拒绝不收。

胡威说："我父亲的为人，你应该是知道的。他为人正直，执政廉洁，从不接受别人馈赠，我做儿子的如果仗着他的权势占别人的便宜，就等于在这匹白绢上面泼上了污水，岂不大错特错了吗？"

那都督看到胡威态度如此坚决，只好十分尴尬地拿着那匹白绢和胡威道别了。后来有人把这件事详细地告诉了胡质，胡质责打都督100杖，除去了他的吏名。

胡质后来升迁为征东将军，奉令统督青州、徐州军事。他在任上广开农田积蓄粮谷，有多年的储备，还设置东征台，一边耕作一边守备，又在各郡中修通渠道，以便舟船通行，严加设防以对付敌人来犯。沿海地区因此没有战事。

胡质性情深沉，心中对事情明察秋毫，不以表面现象判断事物，能够深加思索，从不以自己的标准去衡量他人，因此得到他人的爱戴。他去世时，家里没有什么财产，只有皇帝所赐衣物和书橱。

胡质手下的人把这些情况报告给了朝廷，朝廷追封胡质为"阳陵亭侯"，食邑百户，谥号"贞侯"。并由其子胡威继承爵位。再后来，朝廷再次下诏书大加赞扬胡质清正节俭的行为，赐给他们家钱财和粮食。

胡质的品行和事迹被载入史册。《三国志》说他是"国之良臣"，《晋书》说他"以忠清著称"，《馆陶县志》说他"性沉实内察，然不苟求群下，故为所在称誉"。

修订最先进历法的郭守敬

郭守敬父亲的名字无从可考，他的祖父叫郭荣，精通五经，熟知天文、算学，擅长水利技术，是金元之际一位颇有名望的学者。

郭守敬幼承祖父郭荣家学，在十五六岁的时候就显露出了科学才能。那时他得到了一幅"莲花漏图"。他对图样作了精细的研究，居然摸清了莲花漏的制造方法和原理，试做了一套正规的莲花漏铸铜器，后来元朝政府里的天文台也采用了这种器具。

年纪才十五六岁的郭守敬居然有这样的作为，这就足以证明他确是一个能够刻苦钻研的少年。

郭荣为了让他孙儿开阔眼界，得到深造，就把郭守敬送到自己的同乡老友刘秉忠门下去学习。刘秉忠精通经学和天文学。

在这里，郭守敬大开视野，还结识了一位好朋友王恂，他们后来在天文历法工作中亲密合作，做出了卓越的贡献。

不久，刘秉忠被元世祖忽必烈召进京城。临行前，刘秉忠把郭守敬介绍给了自己的老同学张文谦。郭守敬跟着张文谦到各处勘测地形，筹划水利方案，并帮助做些实际工作。

几年之间，郭守敬的科学知识和技术经验更丰富了。张文谦看到郭守敬已经渐趋成熟，就在 1262 年，把他推荐给元世祖忽必烈，说他熟悉水利，聪明过人。

郭守敬初见元世祖，就当面提出了 6 条水利建议。第一条建议修复从当时的中都到通州的漕运河道；第二第三条是关于他自己家乡地方用水和灌溉渠道的建议；第四条是关于磁州、邯郸一带的修水利建议的意见；第五第六条是关于中原地带沁河河水的合理利用和黄河北岸渠道建设的建议。

这 6 条都是经过仔细查勘后提出来的切实的计划，对于经由路线、受益面积等项都说得清清楚楚。

元世祖认为郭守敬的建议很有道理，就命他掌管各地河渠的整修和管理等工作。

1264 年，张文谦被派往西夏去巡察，他带了擅长水利的郭守敬同行。郭守敬到了那里，立即着手疏通旧渠，开辟新渠，又重新修建起许多水闸、水坝。由于大家动手，这些工程竟然在几个月之内就完工了。

1265 年，郭守敬回到了上都，被任命为都水少监，协助都水监掌管河渠、堤防、桥梁、闸坝等的修治工程。1271 年升任都水监。1276 年都水监并入工部，他被任为工部郎中。

1276 年，元军攻下了南宋首都临安，全国统一已成定局。元世祖决定改订旧历，颁行元朝自己的历法。这件工作名义上以张文谦为首脑，但实际负责历局事务和具体编算工作的是精通天文、数学的王恂。

在当时，王恂就想到了老同学郭守敬。虽然郭守敬担任的官职一直是在水利部门，但他擅长制器和通晓天文。因此，郭守敬就由王恂的推荐，参加修历，奉命制造仪器，进行实际观测。

从此，郭守敬的科学活动又揭开了新的一章，他在天文学领域里发挥了高超的才能。

大都天文台的仪器和装备杂乱不堪，有的已经老化。天文台所用的圭表因年深日久而变得歪斜不正，郭守敬立即着手修理，把它扶置到准确的位置。这些仪器终究是太古老了，虽经修整，但在天文观测必须日益精密的要求面前，仍然显得不相适应。郭守敬不得不改进和创制一套更精密的仪器。

这些仪器装备中的浑仪还是北宋时代的东西。郭守敬只保留了浑仪中最主要最必需的两个圆环系统，并且把其中的一组圆环系统分出来，改成另一个独立的仪器，把其他系统的圆环完全取消。这样就根本改变了浑仪的结构。

再把原来罩在外面作为固定支架用的那些圆环全都撤除，用一对弯拱形的柱子和另外 4 根柱子承托着留在这个仪器上的一套主要圆环系统。这样，圆环就四面凌空，一无遮拦了。

这种结构，比起原来的浑仪来，真是又实用，又简单，所以取名"简仪"。简仪的这种结构，同现代称为"天图式望远镜"的构造基本上是一致的。在欧洲，像这种结构的测天仪器，直到 18 世纪以后才开始从英国流传开来。

郭守敬用这架简仪作了两项精密的观测，一项是黄道和赤道的交角的测定；另一项观测是二十八宿距度的测定。这两项观测，对后来新历的编算具有重大的意义。

郭守敬还独创了一件仪器。这件仪器是一个铜制的中空的半球面，形状像一口仰天放着的锅，名叫"仰仪"。

仰仪是采用直接投影方法的观测仪器，非常直观、方便。例如，当太阳光透过中心小孔时，在仰仪的内部球面上就会投影出太阳的映像，观测者便可以从网格中直接读出太阳的位置了。

尤其在日全食时，它能测定日食发生的时刻，利用仰仪能清楚地观看日食的全过程，连同每一个时刻、日食的方位角、食分多少和日面亏损的位置、大小都能比较准确地测量出来。

这架仪器甚至还能观测月球的位置和月食情况，被称为"日食观测工具的鼻祖"。

仰仪流传到朝鲜和日本以后，那里便取消了璇玑板，改成尖顶的晷针，从而成为纯粹的日晷，被称为仰釜日晷。

郭守敬改进的简仪和独创的仰仪，在编订新历时提供了不少精确的数据，这确是新历得以成功的一个重要原因。

天文台的仪器装备已经基本完备，于是，王恂、郭守敬等同一位尼泊尔的建筑师阿尼哥合作，在大都兴建了一座新的天文台，台上就安置着郭守敬所创制的那些天文仪器。它是当时世界上设备最完善的天文台之一。

由于郭守敬的建议，1279 年，元世祖派了 14 位天文学家，到当时大都以外的国内 26 个地点，进行几项重要的天文观测。在其中的 6 个地点，特别测定了夏至日的表影长度和昼、夜的时间长度。

这些观测的结果，都为编制全国适用的历法提供了科学的数据。这一次天文观测的规模之大，在世界天文学史上也是少见的。

这是一次意义深远的"四海测验"。值得敬佩的是，郭守敬奉旨进行"四海测验"，在南海的测量点就在我国黄岩岛。

经过王恂、郭守敬等人的集体努力，至 1280 年春天，一部新的历法宣告完成。按照"敬授民时"的古语，取名"授时历"。同年冬天，正式颁发了根据《授时历》推算出来的下一年的日历。

《授时历》颁行不久，几个主要的参加编历工作的人，退休的退休，死的死了，王恂也病逝了。但有关这部新历的许多算草、数表等都还是一堆草稿。于是，最后的整理定稿工作全部落到郭守敬的肩上。

郭守敬又花了两年多的时间，把数据、算表等整理清楚，写出《推步》7 卷、《立成》2 卷、《历议拟稿》3 卷、《转神选择》2 卷、《上中下注释》12 卷留传后世。其中的一部分就是《元史·历志》中的《授时历经》。

《授时历》反映了当时我国天文历法的新水平。在这部历法里，有许多革新创造的成绩。例如，废除了过去许多不合理、不必要的计算方法，例如避免用很复杂的分数来表示一个天文数据的尾数部分，改用十进小数等；定一回归年为 365.2425 日，比地球绕太阳公转一周的实际时间，仅差 26 秒，和现代世界通用的公历完全相同；创立了"三差内插公式"和"球面三角公式"，是具有世界意义的杰出成就。

《授时历》经受住了时间考验。它在我国沿用了 300 多年，产生了重大影响。现行公历是意大利天文学家利里奥在 1582 年提出的，比《授时历》晚了整整 300 年。朝鲜、越南都曾采用过《授时历》。

此后不久，郭守敬升为太史令。在以后的几年间，他又继续进行天文观测，并且陆续地把自己制造天文仪器、观测天象的经验和结果等极宝贵的知识编写成书。

他写的天文学著作共有百余卷之多。可惜封建帝王元世祖不愿让真正的科学知识流传到民间去，把郭守敬的天文著作统统锁在深宫秘府之中。

除此之外，郭守敬还开通了大都的通惠河。大都是元朝的首都，城内每年消费的粮食达几百万斤。这些粮食绝大部分是从南方产粮地区征运来的。

然而，陆运耗费的巨大，始终在促使着人们去寻求一条合适的水道。

这个任务，到郭守敬的时候才得以完成。郭守敬提出的第一个方案就是他在 1262 年初见元世祖时所提出来的 6 条修水利建议中的第一条，即修复从当时的中都到通州的漕运河道。

组织开通了通惠河之后，郭守敬一直兼任天文和水利两方面的领导工作。1294 年，他升知太史院事。但是关于水利方面的工作，当时政府仍经常要征询他的意见。

1303 年，元成宗下诏，说凡是年满 70 岁的官员都可以退休，独有郭守敬，因为朝廷还有许多工作都要依靠他，不准他退休。然而，由于元成宗之后政权迅速腐朽，把元世祖时代鼓励农桑的这点积极因素抛弃净尽了。

在这种情况下，郭守敬的创造活动自然也受到极大的限制。同他当时不断提高的名望相对照，他晚年的创造活动不免太沉寂了。除了在 1298 年建造了一架天文仪器灵台水浑以外，就再没有别的重大创制和显著表现了。可以设想，如果他晚年能够有较好的社会政治条件，可能还有更大的贡献。